만화로 보는

차마
신이 없다고
말하기 전에

생명의말씀사

만화로 보는
차마 신이 없다고 말하기 전에
핸디북

ⓒ 생명의말씀사 2011, 2012

2011년 5월 30일 1판 1쇄 발행(신국판)
2023년 1월 31일   20쇄 발행
2012년 11월 13일 2판 1쇄 발행(핸디북)
2024년 1월 3일   22쇄 발행

펴낸이 | 김창영
펴낸곳 | 생명의말씀사

등록 | 1962. 1. 10. No.300-1962-1
주소 | 서울시 종로구 경희궁1길 6 (03176)
전화 | 02)738-6555(본사) · 02)3159-7979(영업)
팩스 | 02)739-3824(본사) · 080-022-8585(영업)

지은이 | 박영덕, 크레마인드(그림 김태호, 글 김덕래)

기획편집 | 구자섭, 장주연
디자인 | 오수지
인쇄 | 영진문원
제본 | 다온바인텍

ISBN 978-89-04-05038-3 (03230)

만화로 보는

차마
신이 없다고
말하기 전에

원작 **박영덕** | 글·그림 **크레마인드**

Contents

음… 무신론자라…!

나도 무신론자예요.

저도예요.

에이, 신이 어디 있어요?

신 같은 건 안 믿거든요.

그런데 그 무신론자 역시 어떤 믿음을 갖고 있기는 마찬가지입니다.

엥?

즉 무신론자는 신이 없다는 믿음을 갖고 있는거죠.

신은 없다고 믿어.

믿어?

실제로 유신론자나 무신론자는
모두 믿음을 가지고 있습니다.

신의 존재에 관해서는 이 두 가지의
가능성 외에는 없습니다.

그 어떤 이론도 그의 존재를 믿거나,
믿지 않거나 둘 중 하나입니다.

무신론자가 믿는 것

그러면 먼저 신이 없다는 입장에서 생각해 봅시다.

나~참!

진짜 신은 없다니까 그러네.

무신론

어떻게 하면 신이 없다고 생각하며 평생 지낼 수 있을까요?

신은 없다니까!

아냐. 신은 있다구.

헐헐, 요것 봐라. 없어!

지금껏 그래 왔듯이 죽을 때까지 신이 없다고 주장하려면

다시 말하지만 신은 없단다.

말하지 마요. 숨 쉬기도 어려운데…

알았다고요.

모든 것이 다 우연히 생겼다고 믿으면 돼요.

모든 게 다 그냥 왔다가 그냥 가는 거라 믿쑵니다!

해, 달, 별… 태양계와 은하계를 포함하는 그 엄청난 우주가 우연히 생겨났고·

우리가 살고 있는 지구상의 모든 것이 다. 우연히 이루어졌다고 믿어야 합니다.

누가 만들지도 않았으니 저절로 생긴 것이지요.

고래나 상어, 연체동물을 비롯한 바닷속의 수많은
종류의 물고기들을 누가 만들었을까요?

이런 게 다
그냥 우연히
생긴 거라구.

하늘을 나는 모든 새들과 셀 수 없이
많은 희한한 곤충들 그리고 벌레들, 코끼리나
개나 고양이, 포효하는 사자나 호랑이 등 모두가
우연히 생겼다고 확신하면 우리는 무신론자가
될 수 있습니다.

그런데 이 모든 우주 만물이 저절로 생겼다고 믿을지라도

신이 어디 있냐구?

과연 자기 자신이 우연히 만들어졌다고 믿을 수 있나요?

당근이쥐!

오홍, 그러서.

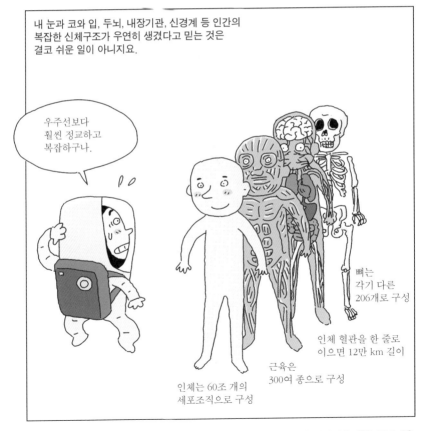

내 눈과 코와 입, 두뇌, 내장기관, 신경계 등 인간의 복잡한 신체구조가 우연히 생겼다고 믿는 것은 결코 쉬운 일이 아니지요.

우주선보다 훨씬 정교하고 복잡하구나.

뼈는 각기 다른 206개로 구성

인체 혈관을 한 줄로 이으면 12만 km 길이

근육은 300여 종으로 구성

인체는 60조 개의 세포조직으로 구성

아마 3년 정도 산속에 들어가 모든 만물이,
심지어 사람도 저절로 생긴 거라고

우연
우연
우연

자신을 세뇌시키지 않는 한, 무신론자가 되기는
매우 어려운 일일 거예요.

모든 것이 다
우연이로구나.

에효~ 이보라구!
내가 한 가지 예를
들어볼 테니
들어보라구.

파닥

파닥

어느 날 바닷가를 거닐던 두 친구가 마침 군사
작전 중인 잠수함이 떠오르는 것을 보았어.

촤아아

우와아아,
잠수함
짱이야!

난 저 잠수함을 아주 잘 알지.

뭐라구?

저 잠수함을 외국의 어느 연구소에서 설계해서 만들었다는 것은 정말 웃기는 얘기야.

그래?

내가 진실을 말해 주지.

바다에는 철(Fe)의 성분이 있었어. 이 원소는 다른 원소들보다 무거웠지.

그래서 바다 밑으로 막 가라앉기 시작했어.

우리는 철 원소

Fe

점점 가라앉다 보니까 철끼리 뭉쳐지기 시작했어.

합체!!

뭉쳐지다 보니까 어느새 큰 철판 덩어리가 됐지.

오~ 정말, 그래서?

짠!

그러다가 바닷속의 여러 가지 현상으로 철판 이쪽저쪽에 구멍이 뚫리기 시작하였고

신기해. 전부 직경 10mm로 뚫렸어.

진화 비슷한 작용에 의해 나사가 끼워지기 시작했어.

드라이버로 조여야 해.

에이 진짜, 니가 그냥 꺼!

그리고 이건 좀 현대과학으로도 설명하긴 어려운 현상인데…

잠수함 속에 갑자기 엔진이 생겨난 거야, 글쎄.

네 말이 도대체 이해가 안 돼, 으~

어지럽지? 이 엔진의 발생 과정은 아마도 과학자들이 밝혀낼 거야.

이해할 수 없으니까 믿어야 하는 거야?

아무튼 이런 과정을 통해 저 잠수함은 저절로 생겨난 거야.

쟤 미친 거 아냐?

아마도.

정상적인 사고가 가능한 사람이라면 잠수함이 우연히 만들어졌다는 말은 믿을 수 없을 거야.

당연한 거잖아.

그럼 잠수함보다 몇천 배, 몇 억 배 복잡한 구조를 지닌 생명체인 인간이 우연히 만들어질 수 있겠어?

아니야!

어느 누구도 자신 있게 신이 없다고 말하기란 어려울 거예요.

과연 있을까?

그래서 누군가는 신이 없다고 믿기 어려우니까 신이 있음을 믿겠다고 할지 모릅니다.

생각하기 귀찮아. 그냥 신이 있다고 보는 게 더 낫겠어.

그것은 올바른 태도는 아니지.

우리는 신이 있다는 증거가
있을 때 믿어야 합니다.

그런데 정말 신이
있다고 믿을 만한
증거가 있을까?

증거도 없이 무조건 믿어서는 안 되지요. 그것은 또 하나의 편견이
될 수 있기 때문이에요.

믿음에 뭔 증거가
필요해? 그냥 믿으
라고.

이봐, 제대로
알아보고 가야지.

많은 사람이 신이 있다고 말하기도

신이 있다면 세상
이 어떻게 이럴 수
가 있냐구!

또는 없다고 말하기도 쉽지 않아서
그냥 회색지대에 있습니다.

어떻게 진흙 속에서
저런 예쁜 연꽃이
피어나는 걸까?

그러나 이 상태에서는 모든 것이 불확실하기만 합니다.

신은 없는 거야.

만약 있다면 천벌 받을까?

불 확 실

우리 모두는 이 문제의 해결점을 찾아야만 합니다.

신의 존재? 검색

신의 존재 유무를 해결하지 않은 채 마음속 깊이 꼭 눌러두거나

지금 별로 중요하지 않으니 다음에…

의식 너머로 몰아내 버려서는 안됩니다.

이런 걸 생각할 정도로 난 한가하지 않아.

휙!

왜냐하면 언젠가는 이 문제가 다시 제기될 것이기 때문입니다.

죽으면 그냥 끝이지 뭐. 근데 신이 있다면…

이제 신이 있다는 입장에 대해 생각해 봅시다.

신이 있다면 어떻게 알 수 있을까?

미지의 신을 찾아서

우리가 신을 알 수 있는 가능성은 두 가지입니다.

하나는 우리가 그를 찾아가는 경우이고

어딘가 계시겠지.

또 다른 하나는 가만히 있는 우리에게 그 신이 다가오는 경우지요.

그가 직접 꿈에 나타나든지, 음성을 들려주든지 해서 자신의 존재를 알려주는 겁니다.

내가 곧 신이니라

신을 찾는 이런 방법 중 전자를 '추구'라 하고 후자를 '계시'라고 해요.

내가 진실을 말해 주지.

내가 너희를 추고 했노라

추구

계시

신을 알기 위해서는 이 두 가지 외에 다른 방도가 없어요.

계시

추구

?

그런데 계시의 경우엔 신이 자신을 나타낼 의도가 있을 때만 가능합니다.

신이 자신을 나타낼 의도가 없다면 우리는 그를 절대 알 수 없죠.

이봐요, 신이시여!

말 좀 해봐요. 네?

우리가 신을 찾아다니다가 어딘가에 숨어 있는 신을 발견했다면

에이~ 거기 계셨네. 어서 나오세요. 히히.

아니, 이 것들이

아싸! 딱 걸렸어.

그는 더 이상 신이 아니겠죠.

누구세요?

My name is Shin.

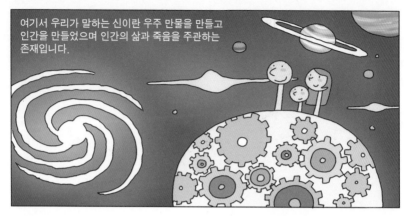

여기서 우리가 말하는 신이란 우주 만물을 만들고 인간을 만들었으며 인간의 삶과 죽음을 주관하는 존재입니다.

그래서 인간보다 뛰어난 전지전능한 존재를 의미하지요.

그런데 신이 자신을 나타낼 의도를 보이지 않으면

노 코멘트!
(No Comment!)

우리는 도무지 그 신을 알 수 없어요.

우린 어디서 나온 거지?

이런 건 누가 만든 거야?

알 턱이 없지.

현재 지구 상에는 수천만 가지의 종교가 있고
제각기 자기 종교에 참 신이 있다고 주장합니다.

우리 신이
진짜거든.

아니
거든.

우리가
진짜라구.

그렇다면 과연 어느 종교에서 참된 신을
만날 수 있을까요?

에이~ 어딘가
맞겠지.

자~
쏘세요.

종교

빙글 빙글

만일 이 세상에 종교가 하나만 있다면
그것에 대해 알아보다가

믿어지지 않으면 신이 없다고 결론 내리면
됩니다.

거짓이라고?
경전은 봤소?

다 봤고요,
하산합니다.

그런데 이 세상에는 수많은 종교가 있어요. 가령 3천만 개 이상
의 종교가 있다고 한다면

바글 바글

30,000,000

과연 진리를 구별할 수
있을까요? 아니면 모두
다 진리일까요?

?

그중에 하나만 진리가 아닐까?

아니면 반만 진리이고 나머지는 아닌가?

근데 무슨 기준으로 정하는 거지?

가장 좋은 방법은 모든 종교를 전부 다 알아보는 거예요.

종교 경전들

끼아악

우선 일주일에 한 종교씩 살펴본다면 1년에 50개 정도를 알아볼 수 있겠죠.

이번 주는 여기서 수행을 해보자.

20세 성인의 남은 인생을 대략 60년 정도로 본다면

아직도 남았어?

헥 헥

끝까지 찾아보자구.

60년

한 개인이 평생 탐구할 수 있는 종교 수는 3천 개 정도밖에 안 돼요.

이봐, 아직도 29,997,000개 종교가 남았다구.

털썩

50개×60년 =3,000개

만일 그 과정에서 우리가 찾던 신을 만나면 다행이지요.

뭐 좀 찾았어?

찾긴 뭐. 내 청춘을 돌려줘.

난 절망신은 찾았어.

하지만 그럴 확률은 만분의 일밖에 안 되죠.

짚 속에서
바늘 찾기보다
어렵겠다.

짚더미

따라서 우리는 다른 방법으로 이 문제에
접근해야 해요.

그래가지고
어느 세월에…

헥 헥

신이 자신을 나타낼 의도가 있다면 어느 종교를
통해 자신을 계시하셨을까요?

나미아미
타불~

남묘호
렌겐코

여호와
하나님

크리
슈나

천조
대신

단군

알라
신이여~

태양
신

아마 모든 사람이 쉽게 접할 수 있는 세계적
인 큰 종교를 통해 자신을 계시하지 않았을
까요?

와글

와글

만일 그렇지 않다면 신이 자신을 나타낼
의도가 없다고 보아도 무방할 겁니다.

너희는
나의 존재를
알 필요도 없어!

그런
무책임한
말씀을…

꿍~

신이
시여~

예를 들어 아프리카 밀림 원주민 30여 명 정도가 믿는 '우칸투'교라는 종교가 있었는데

우리가 죽은 다음에야 그것이 참 종교였음을 알게 됐다고 합시다.

못 들어가! 너흰 우칸투 안 믿잖아.

그때 신이 나타나서

왜 너희는 나를 안 믿었느냐?

??

우리가 어떻게 '우칸투'교가 있었는지 알겠어요? 너무하세요.

'우간다'는 들어봤어도 '우칸투'교는 여기 와서 처음 들었다구요.

그 종교가 참 종교라서 아프리카 부락의 30명 정도만 구원받았다면

우라 밤바야라 (우린 택한 백성이야)

따닥 딱

신은 애당초 자신을 나타낼 의도가 없다고 보아야 할 겁니다.

인간들은 골칫덩어리라 아예 상종을 말아야지.

그렇다면 일단 세계 5대 종교인 불교, 유교, 기독교, 힌두교,
이슬람교에 대해서 살펴봅시다.

거기서 신을 발견하면 다행이고 신을 발견
하지 못한다면

더 이상 우틴 종교문제를 거론하지 않아도
될 거예요.

여기 없으면
없는 거야.

5대종교

폐광

신이 자기 자신을 나타낼 의도가 전혀 없다
면 우리가 찾아간다고 해도 그 신이 만나주
기나 할까요?

수십억 광년을
지나서 왔어요.
좀 만나주세요.

너한테
볼일 없으니
돌아가라.

이제 신이 자신을 나타낼 의도가 혹시 있다
면, 그것은 세계의 대종교에서 그 해답을 찾
을 수 있을 겁니다.

1. 불교

불교에서 석가의 가르침의 최고 목표는 욕망을 근절하여 열반에 드는 일이에요.

그 방법으로 8정도(八正道)를 제시합니다.

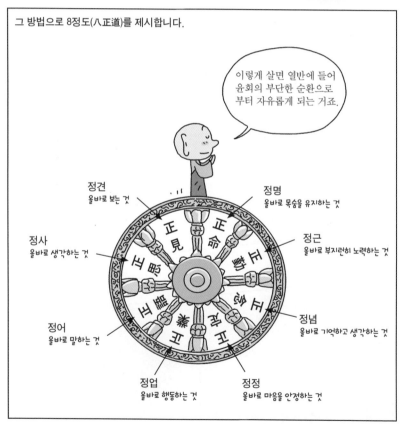

이렇게 살면 열반에 들어 윤회의 부단한 순환으로 부터 자유롭게 되는 거죠.

정견
올바로 보는 것

정명
올바로 목숨을 유지하는 것

정사
올바로 생각하는 것

정근
올바로 부지런히 노력하는 것

정어
올바로 말하는 것

정념
올바로 기억하고 생각하는 것

정업
올바로 행동하는 것

정정
올바로 마음을 안정하는 것

불교의 중요한 특징은 이 땅의 현실적 삶에서 도피하여

세상의 고통을 피하고자 한다는 점입니다.

그런데 일반적인 종교 창시자와 달리 석가는 스스로 신성을 선언하지 않았어요.

나는 신이 아니요.

그는 인도의 왕자로 태어난 한 인간이었고,

사실 신에 관한 한 불가지론자였죠.

궁극적으로 불교는 무신론이므로 이 종교에서는 신을 발견할 수 없어요.

우린 신을 찾는 종교가 아니요.

석가모니는 훌륭한 가르침을 베풀었지만

정작 자신을 이 땅에 있게 한 존재에 대해서는 언급하지 않았어요.

...

따라서 불교를 통해서 마음의 위안을 얻을 수 있을지는 몰라도 우리를 이 땅에 태어나게 한 존재, 운명을 결정하는 존재를 발견할 수는 없습니다.

ㄹ. 유교

유교는 철학입니다. 공자는 생의 마지막 순간까지 신을 갈망했지만 결국 그 신을 알지 못했어요.

운명하는 순간에도 '침묵하는 신'에 대해 언급했을 뿐이었죠.

유교는 그 가르침을 따르는 사람들에게 예의 바르고

안녕하세요, 할아버지.

오냐. 헐헐.

교양있는 인격자가 될 수 있는 철학 이나 윤리를 제공할지 모르지만

신에 대해서는 아무런 답도 주지 못하죠.

선생님, 신은 있나요?

글쎄다.

기독교는 처음부터 신에 대해 언급하는 유신론입니다.

태초에 하나님이
천지를 창조하시니라
(창세기 1:1)

3. 기독교

기독교는 시작부터 신에 대해 분명하게 밝히고 있어요.

하나님이 가라사대
빛이 있으라 하시매
빛이 있었고
(창세기 1:3)

인간과 동식물을 포함한 천지 만물을 하나님이 창조하셨다고 주장하죠.

사람들이 받아들이든지 말든지, 기독교는 하나님의 존재를 인정하고 선포하죠.

하나님이
만들었다구?
진화
되었거든!

하나님이
창조하신
것입니다.

기독교는 신에 대해 분명하게 언급하므로 이것이 사실인지 탐구해 본 후에 결정하면 되겠죠.

4. 힌두교

힌두교는 자아를 육체적 욕망에서 해방시켜 세상혼과 합치시키고 윤회를 피하여 무한 세계에 이르는 것을 목표로 하죠.

무한의 세계

자아

세상혼

윤회

육체적 욕망

힌두교의 신은 유대교나 기독교에서 말하는 것과 다르죠.

인격적인 신이란 없고 만물이 곧 신이란 거죠.

풀 한 포기조차도 신의 형상이지.

힌두교는 영원한 존재나 실체를 일컫는 창조의 신 브라만을 추구하는데

예수와 석가, 크리슈나를 인간의 형태로 온 브라만의 화신이라고 믿죠.

한편 브라만 신을 인간 속에서 찾을 수 있다는, 즉 인간이 신이 될 수도 있다고 주장하는 힌두교의 교리는

우린 다 신이 될 수도 있어.

범신론적인 관점에서 모두가 신이 될 수 있음을 의미하죠.

우리를 보살펴 주소서

이래서 소인 우릴 숭배까지 하죠.

엄마 배고파

5. 이슬람교

이슬람교의 무슬림들은 자기들이 믿는 알라신에 대해 이렇게 주장하죠.

절대유일하시고 전지전능한 천지만물의 창조자요 지배자이죠.

아랍어-'알라'

알라가 유일하다는 것은 그 본질이 인간의 인지능력을 넘어서고

피조물과의 비교를 거부하는 초월신이라는 뜻이죠.

그 알라가 무함마드를 최후의 예언자로 보내 인간이 지킬 규범과 신조를 계시했다고 하죠.

무슬림들은 최후의 종말을 믿죠.

이 최후의 심판 때 알라를 믿고 그 신조와 규범을 따른 자들은

부활하여 천국에서 평안한 생활을 하죠.

그렇지 못한 자들은 영원한 심판의 형벌을 받을 것이라 우린 믿소.

죽은 자들은 선하거나 악한 행위에 따른 보응을 받아 천국과 심판의 생활로 나뉜다는 것이죠.

천국

코란

선행

으아아

악행

그런데 무슬림들은 평생 살면서 자신의 행동이 구원에 이르는 분량이 되는지 안되는지 알지 못해요.

시작한 지 얼마 안돼서 백분의 일?

50년 했으니 이 정도면 되겠지?

그래서 일생 이슬람의 율법과 규범을 준수하고자 부단히 노력하죠.

QURAN

율법주의 즉 행위를 통해서 구원을 얻는 종교는 율법이 정한 행위를 실천할 때 위안을 주기 때문에

위안

행위

인간을 끊임없이 행위와 규범의 노예로 만들어요.

행위 규범

평안

헥헥

결론적으로 이슬람은 율법을 지켜야 구원받는 유신론 종교죠.

그러나 이슬람교의 유신론은 기독교와는 전혀 다른 유신론입니다.

알라와 하나님은 같은 신 아냐?

다르거든요.

이 세계적인 5대 종교 외에도 수많은 종교들이 있으며 신에 대한 언급 또한 수없이 많아요.

알려고 하면 끝이 없구나.

또 앞에서 말한 것처럼 죽을 때까지 찾아보아도 참 신을 만날 확률은 만분의 일도 되지 않죠.

여기도 아닌가?

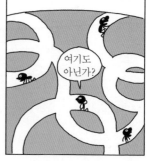

따라서 세계적인 대종교를 통해 신의 존재 여부를 확인하지 못한다면

차라리 포기하는 것이 현명할지도 몰라요.

그래, 사는 날 동안 열심히 즐기는 게 최고야.

이제 유신론의 입장을 분명히 밝힌 기독교를 통해 신에 대해 알아보기로 하죠.

지금까지의 흐름을 충분히 이해하지 못했어도 괜찮아요.

그만두지 말고 새로운 마음으로 시작해 볼까요?

다음 장에서는 우선 기독교를 설명하기 전에 기독교를 이해하는데 장애가 되는 요인부터 살펴보겠습니다.

대부분 저 장애를 넘지 못하고 포기하지.

괜찮아. 그렇게 어렵지 않다구.

최근에 그리스도인이 된 사람들이 한결같이 하는 말이 있어요.

여러 가지 오해 때문에 기독교를 잘 몰랐죠.

진짜 내용을 알게 되니까 깨닫게 되더군요.

그래서 기독교의 교리를 소개하기에 앞서 몇 가지 오해를 불러일으키는 질문들을 정리해 볼까 해요.

아마도 많은 사람들이 기독교에 대해서 한 번도 제대로 소개받아 본 적이 없어서 잘 몰랐던 거죠.

무턱대고 믿을 순 없잖아.

다니다 보면 알게 돼.

그냥 한번 믿어보라니깐.

자, 그렇다면 당신이 기독교에 대해 품고 있던 오해는 어떤 것이 있었나요?

기독교에
대한 오해-1

**예정된 사람이라면 교회에
나가지 않아도 구원받을 것이
아닌가?**

이 질문의 역사는 꽤 오래된 편이죠.

선생님, 예수 믿고 교회 나와 구원받으세요.

무슨 말이디?

거 동무, 야수교 아니갔어. 거 뭬야 믿으라는 거지비.

하이고, 고생이 선교사 야수 천당 왔구만.

주모 아주머니도 예수 믿으세요.

고저 뻔질나게 드나드는구만요. 내래 일 없시요.

예수 믿으면 구원받습니다.

거 얘기 들어보니끼네 예정됐다면 교회당 안 가도 된다고 기러데요.

교회당 가믄 돈이라도 주는기요?

오우- 아주머니, 예정이란 말도 아시네요. 누구에게 들었어요?

그거는 일 없고, 고저 예정이래 안 되면 열나게 교회당 가도 구원 못받지 안갔시요?

oh, no! 주모 아주머니 그건 오해입니다.

지금 금방 오해라고 그랬습네까?

이런 질문을 하는 사람은 기독교 예정론을 운명론으로 잘못 알고 있는 거죠.

이거이 참, 그거이 그거 아니야요?

예정론
(豫定論)

운명론
(運命論)

동양 종교에서 말하는 운명론은 인간의 의지가 개입할 여지가 없게 만들죠.

하지만 기독교의 예정론은 다릅니다.

거 동무, 사주 팔자는 알고 지꺼리라우!

동무 열 내지 마시라요. 저 서양 동무도 다 지 팔자 아니 갔소?

이보시오 야수 선상. 사람은 고저 다 타고난 팔자 따라 살다 가는 기야.

고저 서양 동무도 한 사발 하시라요. 이 맛이 기찹네다.

헤헤

꺼억

기독교의 예정론은 한 죄인이 어떻게 천국 백성이 될 수 있는지를 알려주며

사람은 죄 때문에 죽을 수밖에 없지만 예수 믿으면 구원받아 천국백성이 되죠.

하나님은 아주머니를 사랑하셔서 부르고 계세요.

나같이 천하고 더러운 애미나이를 말입네까?

그 과정에서 사람이 스스로 결단을 하면

아~ 내래 계속 이 모양 이 꼴로 살 수만은 없디 않갔어?

기래. 내래 팔자 한번 바꾸어 볼까?

영원한 생명과 구원을 얻는 것이죠.

주모 자네, 교회당에 미혹되니끼니 좋은가 보오?

고저 서양 귀신에 홀라당 빠져서 팔자를 어기면 안돼, 고럼.

거 기러지 말고 나처럼 믿으시라요. 천국이 있습네다. 진짜요.

그러므로 예정되었다면 교회에 나가지 않아도 구원받지 않겠느냐는 질문은

난 이미 구원받기로 결정된 자라구.

기독교의 '예정'의 의미에 대한 오해에서 비롯된 것이에요.

사람은 다 자기 길이 있다구.

운명 팔자

기독교에 대한 오해-ㄹ

하나님이 계시다면 왜 악인을 그대로 두는가?

많은 사람들은 흔히 이렇게 말들 하죠.

하나님이 계시다면 왜 악인들을 그대로 살려 두시는 겁니까?

그런데 만약 하나님이 그 말을 듣고 이렇게 말씀하시면 어떨까요?

그래 좋아. 너희가 원하는 대로 해줄게.

오늘 자정을 기해서 나쁜 놈들을 모두 죽이겠다.

아싸!

그런데 이건 아닌 것 같아.

덜덜~ 난 피해 있어야겠다.

자, 드디어 자정이 되었을 때 살아남는 사람은 몇 명일까요?

아마도 없을 겁니다.

이봐 지구. 어떻게 됐어?

사람이 하나도 없엉~

우리 인간은 상대적인 시각으로 선악을 판별하죠.

저 살인자보단 강도인 내가 더 착한 거지.

어휴, 말이 되는 소릴 해라.

그러나 하나님은 절대적인 시각에서 보시죠.

여기서 보니 인간은 다 똑같구나.

하나님이 보실 때는 앞의 사람들처럼 질문하는 사람들은 모두 똑같죠.

너도 똑같애.

뭐라고요? 내가 뭐 살인자 라도 되나요?

비록 다른 사람에 비해 상대적으로 선한 점이 있다고 해도 절대자 신 앞에선 부족하기 마련이죠.

너 거짓말한 적 없니? 누굴 미워한 적 단 한 번도 없니?

예에~? 그… 그건.

교양있고 점잖은 사람이라 할지라도

교수님, 안녕하세요.

오, 그래.

남을 미워했던 경험이나 시기심이나 욕심이 마음속에 솟아올랐던 순간을 부인할 순 없죠.

교수님 강의 너무 환상적이었어요.

빠직!

하나님은 사람 마음속의 악한 생각도
다 보시죠.

왜 마음속에 악한
생각을 하느냐?

그렇다면 이제 앞에서 했던 질문을
이렇게 바꿀 수 있겠죠.

하나님이 계시다면
왜 나 같은 놈을
가만히 두시는 걸까?

기독교에 대한 오해-3

진화냐 창조냐?

생명의 기원에 대하여는 크게 진화론과 창조론의 두 가지 견해가 있어요.

우연히 생겼다구.

진화론

하나님이 만드셨어.

창조론

진화론은 오랜 역사 속에서 원소들이 우연히 결합하여

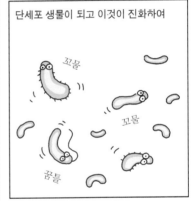

단세포 생물이 되고 이것이 진화하여

꼬물
꼬물
꿈틀

현재의 다양한 생명체들이 되었다는 주장이고

무지무지 오랜 시간이 걸려서 된 거라구.

진화
진화
진화

창조론은 창조주에 의해 만물이 만들어졌다는
주장입니다.

진화론은 적어도 다음의 일곱 가지 가정을
설정해야 해요. 첫째, 무생물체가 우연히
생명체로 나타났다.

…

개골

우연

무생물체   생명체

둘째, 그 자연 발생이 오직 한 번만
있었다.

Only
once!

셋째, 바이러스와 박테리아, 식물과 동물이
모두 상호관련이 있다.

바이러스

박테리아

식물

동물

넷째, 원생동물(原生動物)이 후생동물(後
生動物)을 만들어낸다.

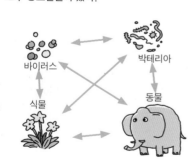

후생동물
(다세포동물)

나의
후손들이지

원생동물
(단세포동물)

다섯째, 각종 무척추동물은 상호관련이 있다.

여섯째, 무척추동물에서 척추동물이 나온다.

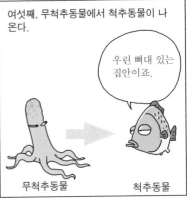

무척추동물　　척추동물

일곱째, 척추동물과 어류에서 양서류가 나오고, 양서류에서 파충류가, 파충류에시 조류와 포유류가 나왔다. (다른 말로, 양서류나 파충류가 원래 같은 근원이다.)

이 일곱 가지 가정을 다 인정할 때 진화론이 가능해지죠.

그러나 이 일곱 가지 가정의 실험적 증명은 불가능해요.

어떻게 진화 되었는지 설명하라구.

ON

진화론자는 어떤 일련의 사건이 과거에 일어났다고 가정하지만

그게 아주 먼 과거의 일이라서…

40억년
10억년
5억년
현재

현재 조건에서 이런 것이 비슷하게 나타난다고 해도

내가 니 애비니라.

큭큭

그것이 반드시 과거에 발생했음을 뜻하지는 않죠.

그런데 우리가 어떻게 한자리에 모일 수 있지?

?

결국 이것은 소망 사항이며 근거가 불확실한 믿음일 뿐인 거예요.

너희가 진화를 믿느냐?

믿쏩니다.

진화

생물학이 시작된 이래 생명체의 자연 발생은 결코 관찰된 적이 없어요.

넌 어디서 왔니?

뭐요?

저기

저기요

실험실에서 물질로부터 생명체를 합성하겠다는 실험은 계속 시도되고 있지만,

앞으로 과학이 발전한다 해도 불가능한 이야기죠.

생명체가 우연히 발생할 수 있는 확률은 제로에 가깝죠.

만일 생명체가 만들어졌다면 그것은 누군가 세밀하게 간섭해서 만든 것이며, 결국 생명의 근원이 되는 존재 없이는 이를 설명할 수 있는 다른 방법이 없기 때문이에요.

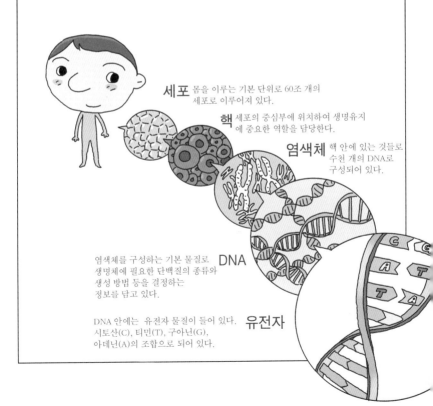

세포 몸을 이루는 기본 단위로 60조 개의 세포로 이루어져 있다.

핵 세포의 중심부에 위치하여 생명유지에 중요한 역할을 담당한다.

염색체 핵 안에 있는 것들로 수천 개의 DNA로 구성되어 있다.

염색체를 구성하는 기본 물질로 **DNA** 생명체에 필요한 단백질의 종류와 생성 방법 등을 결정하는 정보를 담고 있다.

DNA 안에는 유전자 물질이 들어 있다. **유전자** 시토산(C), 티민(T), 구아닌(G), 아데닌(A)의 조합으로 되어 있다.

진화론을 옹호하는 사람들은 자신들의
주장이 과학적이고,

우리의 주장은
매우 과학적이죠.

창조론은
과학도 아니죠.

창조론은 비과학적이며 맹목적인 신앙의 문제
에 불과한 것이라고 말하지요.

종교의 탈을
쓰고 어딜
감히…

하던 일이나
열심히 하쇼.

진화론자들은 창조와 진화의 문제에 관
한 과학과 신앙은 서로 양립할 수 없다고
전제하죠.

신앙의 접근보다 과학이 우월하고 합리적임
을 주장하죠.

이봐, 우리가
한 수 위라구.

하지만 생명의 기원 문제는 엄밀한 의미에
서 과학적 영역의 문제가 아니라 신앙적 영
역의 문제라고 할 수 있어요.

하지만 당신의
주장도 결국
믿음이잖소?

그런가…?

다시 말해 창조론과 진화론 논쟁은 유신론
이냐 무신론이냐의 문제라 할 수 있죠.

진화가
맞다니깐!

창조가
맞소!

기독교에 대한 오해-4

교회 나가는 나쁜 사람과 교회에 나가지는 않지만 착한 사람 중에 누가 구원을 받겠는가?

이 질문에는 기독교는 선한 사람이 구원받는 종교라는 전제가 깔려 있어요.

오지 마!
오염돼.

그러나 기독교에선 선한 사람에게 구원을 준다고 약속한 적이 없어요.

착한 사람이 구원받는다고 말한 적 없는데…

성경

오히려 '죄인'이 구원받는 것이 기독교의 핵심이죠.

난 의인을 구하러 온 것이 아니라 죄인을 구하러 왔노라.

그러므로 이 질문은 기독교의 핵심을 정반대로 이해한 질문이죠.

엉터리구먼.

어휴~ 죄인들이 가득한 천국은 아주 볼 만하겠구만.

죄인은 벌 줘야쥐.

구시렁

구시렁

예를 들어 결핵 2기에 접어들어 거의 다 죽어가는 사람이 있다고 하죠.

다른 한 사람은 결핵 1기여서 그보다 좀 나은 형편이었어요.

이 정도쯤이야.

결핵 2기인 환자는 각혈을 하며 증세가 심해 병원에 다니지만

결핵 1기인 사람은 아직 괜찮아 병원에 가지 않았어요. 결국 나중에 어떻게 되었을까요?

몸이 안 좋은데 술 마셔도 돼?

이 정도는 끄떡없어.

병원에 다니며 치료받은 2기 환자는 병이 나을 수 있었지만

아주 많이 좋아졌어요.

감사합니다 선생님.

괜찮다고 생각해서 병원에 가지 않은 1기 환자는 오히려 병세가 악화되었어요.

여보!

안 돼요, 여보!

이처럼 앞의 질문은 교회 나가는 나쁜 사람과 교회 나가지 않는 착한 사람을 상정하여 상대적인 관점에서 비교하고 있죠.

마귀 자식들

하나님의 어린 양

불신자

신자

물론 교회를 다니면서도 이기적이고 남을 배려하지 않는 얌체 같은 사람이 있어요.

집사님, 이리 와.

호호~ 고마워요 권사님.

또 교회는 다니지 않지만 선을 베풀며 친절한 사람이 있죠.

그러나 우리가 생각하는 착한 사람이나 나쁜 사람의 기준은 지극히 상대적인 거죠.

자기는 너무 착한 거 같애.

조직을 배신한 나쁜 놈!

우리끼리 잴 때 그 차이는 엄청나 보이지만 하나님이 보실 때는 다 마찬가지예요.

난 착해.

웃기서!

내가 더 나쁜 놈이야!

잘난 척은…

이번엔 다른 예를 들어 볼까요? 어느날 도토리 세계에 갑자기 큰 도토리가 등장했어요.

쿵

그 도토리는 보통의 도토리보다 무려 1.5배나 커서 도토리 세계에서 영웅이 되었어요.

나는 관대하다.

자이언트 도토리다.

짱 크다!

당신은 우리의 메시아입니다.

모든 도토리는 그에게 존경을 표했어요.

오셨습니까? 형님.

어 그래. 긴장 풀어라.

그가 외부의 모든 공격을 막아 줄 능력을 가졌다는 것을 의심하는 도토리들은 없었죠.

누구냐? 우리 구역에서 까부는 놈이!

괴물이다.

와~ 짱이다!

도루묵파놈들 벌벌 떨더라!

그러나 다른 도토리에게 신적 존재였던 그 역시 다람쥐에겐 밥에 불과했죠.

우아아아아~

도토리 살려!

사람들이 보기에도 한낱 작은 도토리일 뿐이듯이 우리가 보기에 대단한 사람이라도

하나님 앞에선 큰 차이가 없어요.

때 미실 거면 여기 누우세요.

또 다른 관점에서 설명하면 만일 기독교가 선한 사람을 구원하는 종교라면 하나님은 불공평한 분이 되는 거죠.

역시 끼리끼리 모이니 너무 좋다.

착한 님 천국

모든 인간을 심판하는 날에 선한 사람은 구원받고 악한 사람은 다 지옥에 간다면 어떤 일이 벌어질까요?

나쁜 놈 지옥

우린 어쩔 수 없단 말이여?

아마 악한 사람들이 모두 모여 시위를 할 거예요.

우린 너무 억울하다구요.

하나님은 불공평하다!

하나님이 물으십니다.

이 악당들아! 무엇이 불공평하다 고 시위를 하느냐? 너희들이 시위할 자격이나 있느냐?

그때 악당 대표가 나와서 말하죠.

하나님도 한번 생각해 보십시오.

저 구원받은 사람들처럼 나도 좋은 가정에서 제대로 교육받고

좋은 회사에 들어가 돈을 잘 벌었다면 이렇게 되지 않았을 겁니다.

자기 너무 멋져.

한 달 휴가 내서 알래스카 갔다 올까?

태어나 보니 아빠는 깡패고 엄마도 행실이 별로 좋지 않은 사람이었죠.

시끄럽게… 조용히 시켜!

걸핏하면 싸우고 욕하기가 일쑤였어요.

우웃값이나 보태주고 말해!

여편네가 정신 나갔나!

어릴 때부터 그런 환경에서 자라왔는데 그러다가 부모님이 헤어져 버렸죠.

네 면상 두 번 다시 보기 싫다!

내가 미쳤지. 저걸 서방이라고!

그래서 혼자 떠돌이 생활을 하게 되었고 매우 불안한 유년기와 청년기를 보냈죠.

그러다가 비슷한 처지의 여자를 만나 결혼하게 되었어요.

우린 잘해 나갈 수 있겠죠?

그래, 오빠만 믿어.

으아앙~ 나도야!

아 정말 더러운 내 인생.

아내가 임신을 했는데 수술해서 애기를 낳아야 해서 돈이 필요했죠.

돈은 없고 아내는 위험하고 아~ 진짜.

위이잉

전 깊이 고민하던 중에 마침 은행 앞을 지나다가 출금하고 나오는 한 아줌마를 봤어요.

현금인출기

꺄악~ 내 돈! 이 날강도야~

하지만 도망가다가 재수 없게 붙잡혀서 감옥에 들어가게 되었죠.

감옥에 있으면서 다시는 죄짓지 않고 살리라 다짐하고 또 다짐했죠.

나가면 잘 살아야지.

나가도 별수 없지. 큭큭~

착한 척하기는, 도둑새끼!

하지만 형기를 마치고 사회에 나와 보니

전과자란 낙인이 찍혀 더 살기 힘든 거였어요.

전과자라서 좀 곤란합니다.

으... 세상을 갈아 마실 테다.

하는 수 없이 나의 불행한 삶은 계속 이어졌어요.

나 이런 사람이야! 알아서 기어라.

으...

으...

그러다 보니 전과 2범, 3범이 되는 건 순식간이었어요.

훌쩍

훌쩍

난 7범

엉망진창인 삶 속에서 아이들은 자꾸 커 갔어요.

여보 돈 좀 가져와요!

아... 알았다구.

배고파

이젠 한탕하고 손을 씻어야지 하다가 오늘날 이 모양이 되고 말았어요.

훌쩍

잉잉

하나님 정말 내 처지가 원망스럽다고요.

야, 우린 이제 지옥인거냐? 그런 거야?

아- 진짜 이거 너무하시는 거 아냐?

으앙

흑 흑

하나님이 만일 선한 사람에게만 구원을 허락하신다면 그것은 정말 불공평한 일이죠.

악한 사람이 된 요인 중에 환경적인 요소를 무시할 수 없기 때문이에요.

기독교에 대한 오해-5

모든 종교는 다 마찬가지다.

보통 도교에서 주장하는 이론으로

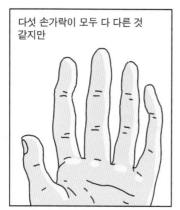

다섯 손가락이 모두 다 다른 것 같지만

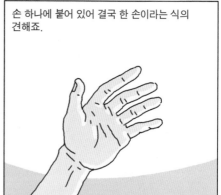

손 하나에 붙어 있어 결국 한 손이라는 식의 견해죠.

모로 가도 서울만 가면 되지 않느냐는 것이죠. 이 말은 반은 맞고 반은 틀렸다고 볼 수 있어요.

서울

난 서해안으로 가야지.

난 경부선

사람을 좀 더 선하게 하고 인생에 더 큰 의미를 가져다준다는 면에서 모든 종교는 마찬가지예요.

종교

그러나 지금 우리가 생각하는 궁극적인 문제를 해결하려는 목적에서
볼 때는 종교마다 주장하는 바가 전혀 다른데 어떻게
마찬가지일 수 있을까요?

기독교에선 "다른 종교에는 구원이 없다"(사도행전 4:12)
고 이미 선언하고 있거든요. 그러니 어떻게 모든 종교가
같겠어요?

기독교에

대한 오해-6

인간이 연약해서 신을 만들었다.

기독교에 대한 오해-ㄱ

신의 존재는 믿겠는데 왜 그가
꼭 기독교의 하나님인가?

다시 원래의 질문으로 돌아갈 수밖에
없어요.

신은 어디에나
계시다구.

"당신은 어떻게 신의 존재를 믿게 되었는가?
그분을 보았는가? 음성을 들었는가?"
막연한 확신은 곤란해요.

정말 그분을 만났다면, 그가 누구인지
왜 물어보는 걸까요?

기독교에 대한 오해-8

기독교는 서양 종교다.

오히려 기독교는 동양 종교예요.

동양에서 발생한 기독교가 차츰 서양으로 전해졌다가
다시 우리나라를 포함한 동양으로 전해진 거죠.

러시아
유럽
아시아
이스라엘
아메리카
아프리카

중요한 것은 그것이 참 진리인가의
여부이지, 그 발생지가 아니죠.

이 약 한약이요
양약이요?

그게 무슨 상관이
있어요? 약 드시고
병 나으면 되죠.

기독교에 대한 오해 - ㅁ

그리스도인 친구의 생활이 좋지 않다.

기독교는 병원 같은 곳이에요. 병원에서 환자를 고치듯이 교회는 죄인들을 모아 놓고 순화시키는 곳이죠.

그러다보니 교회 안에는 아직 인격이 덜 성숙한 사람들이 있어요. 그들이 교회에서 나쁜 생활을 배운 것이 아니라,

이미 죄의 습관에 깊이 물들어 있다가 교회에 온 후에도 여전히 덜 고쳐진 것이죠.

충분한 교정이 이루어지려면 좀 더 시간이 필요해요.

버팀목

그러나 교회에는 그런 부족한 사람도 있지만 존경할 만한 사람도 함께 있음을 기억해 주세요.

기독교에 대한 오해-1ㅁ

죄가 너무 많아 지금은 교회에 나가지 못하지만 차차 정리 되면 나가겠다.

이 말은 예를 들면 이런 거예요.

나는 신장, 폐가 엉망인 데다 고혈압과 당뇨 등 온갖 병이 있어.

뭐! 그럼 당장 병원 가 봐야지.

아니, 몸이 나으면 차차 가야지.

...

몸이 아프면 빨리 병원에 가야 하듯 죄가 많은 인간은 교회에 가는 것이 마땅하지요.

조금만 늦었으면 큰일 날 뻔했어요.

어떤 이는 기독교가 죄인인 인간에게 너무 높은 수준의 삶을 요구하며 사람들을 좌절시킨다고 하죠.

그러나 그는 사람의 약함을 도우시는 하나님이 계시다는 사실을 모르고 있는 거예요.

기독교에
대한 오해-11

**술, 담배를 끊어야 하기 때문에
교회에 못 나가겠다.**

술, 담배가 기독교를 받아들일 수 없는 진정한 이유라면 술, 담배를 계속 하면서라도 우선 교회에 나가는 것이 더 중요해요.

기독교는 당신이 예수님을 믿고 구원받기를 원하지, 우선 술, 담배를 끊는 것을 원하지 않아요.

예수님을 믿은 후 단정한 생활을 하려는 마음이 생길 때 술, 담배 문제를 생각해도 늦지 않죠.

기독교에 대한 오해-1ㄹ

왜 선악과를 만들었나?

기독교를 믿지 않는 사람들 중에 이 질문을 하지 않는 사람이 거의 없죠. 이 문제는 간단하게 답하기는 어려워요.

> 하나님의 함정 수사, 대단해요.

> 없으면 안 먹었을 거 아냐.

먼저 이 문제에 답하기 위해선 적어도 다음 두 가지가 전제되어야 해요. 첫째, 하나님이 계신지를 아는 것과

> 선악과를 누가 만든 거지?

둘째, 그분이 계시다면 그분의 성품이 어떠한지를 알 때 이 문제에 대한 설명이 가능하죠.

> 그분이 무슨 의도로 이걸 만드신 거지?

결론부터 말한다면, 살아계신 하나님이 인간에게 자발적 의지를 주시는 기준으로 선악과가 '필연적으로' 사용되었어요. 이 부분은 3장에서 자세히 다루도록 하지요.

기독교에 대한 오해-13

우리나라에 복음이 들어오기
전의 사람들은 어떻게 되었는가?

복음을 듣지 못한 이순신 장군이나 강감찬 장군
은 구원받았을까요?

대답은 "잘 모른다"입니다.

I don't know.

여기에 대해 성경 로마서 2장은 양심에 따른 심판
이 있다고 말씀하죠.

양심

천국 / 지옥

죄

그러나 이것은 양심대로 살면 구원받는다는
뜻이 아니라 반대로 인간은 양심대로 살지
못한다는 고발적인 의미가 강한 말씀이죠.

내 마음대로
안 돼.

복음이 들어오기 전에 살았던 사람들의 구원문제는 하나님이 해결하실 일이에요.

우리는 다만 하나님이 선하시고 공평하신 분이므로 알아서 적절하고 공평하게 처리할 것을 믿을 따름이죠.

분명한 사실은 현재 우리 모두에게 복음을 통한 구원의 기회가 있음에도 불구하고 복음을 받아들이지 않으면 구원을 받지 못한다는 사실이에요.

여기 곧 가라앉아요. 빨리 타요!

공항버스

조상 묘를 두고 어떻게 여기를 떠난단 말이요.

그러므로 구원의 방법이 분명하게 알려진 이상, 옛 선조들의 구원 문제에 대한 관심보다는 자신의 구원 문제에 더 신경 써야 할 겁니다.

구르르르

기독교에 대한 오해 - 14

성경이 하나님의 말씀인가?

당장은 성경이 하나님의 말씀인지 아닌지 알 필요가 없어요.

우선 예수께서 역사적 인물임을 살펴 보아야 해요.

History

예수께서 역사적 인물임을 알고 그의 주장과 삶, 죽음, 부활을 연구해 보면 그가 하나님의 아들인 것을 받아들일 수 있게 되죠.

탄생
삶
죽음
부활
승천

그리고 일단 예수 그리스도를 받아들이면 성경이 하나님의 말씀인 것을 알게 되죠.

왜냐하면 예수님이 성경을 하나님의 말씀으로 인정했기 때문이에요.

아~ 그렇구나!

기독교에
대한 오해-15

기독교의 하나님이 참 신이라고 해도 왜 내가 꼭 기독교를 믿어야 하나?

예를 들어, 어떤 사람이 어릴 때 부모와 헤어졌다고 합시다.

오랜 세월이 흐른 어느 날, 부모님이 TV에서 자기 이름을 부르며 찾는 모습을 보았다면 어떻게 할까요?

어디서 살고 있는지 정말 보고 싶구나.

당장 부모님을 만나러 방송국으로 달려가지 않겠어요?

마찬가지로 당신을 만든 분이 바로 하나님이시라면, 당신을 위해 십자가에서 피 흘려 죽은 존귀하신 분이 지금 당신을 부르고 계신다면 당신은 어떤 결정을 내릴까요? 여전히 하나님을 외면하고 살아가겠습니까?

기독교에 대한 오해-16

죽기 바로 전에 믿겠다.

이 말의 책임은 먼저 교회에 다니는 사람에게 있다고 할 수 있죠.

항상 감사하고 기뻐하세요.

교인들 중에 기쁨 없이 무의미하게 습관처럼 신앙생활을 하는 사람이 있어요.

설교를 마치겠습니다.

벌떡

그 교인을 바라보는 외부 사람들은 당연히 기독교에 대해 좋지 않은 인상을 받게 되겠죠.

완전 상갓집 갔다 온 얼굴일세.

터벅 터벅

그렇다면 무엇 때문에 지금부터 기독교를 믿겠어요? 실컷 놀다가

꺄오~

죽기 바로 전에 믿으면 되지 않겠어요?

예수님을 믿겠습니까?

할렐루야 아멘!

이게 꿩 먹고 알 먹는 거지.

그러나 기독교는 결코 우리의 즐거움을 빼앗아가는 금욕적 종교가 아니에요.

오히려 곤고하던 인생에 기쁨과 환희를 가져다 주며 소망을 부여하는 종교죠.

만약 결혼이 괴로운 거라면 70대에 하겠지만

늦게 하는 게 좋지?

기대지 마요. 힘들당께.

후들

후들

결혼은 축복이며 큰 기쁨이기에 젊은 날에 하는 것처럼

정상적인 신앙생활은 행복한 것이기에 믿을 마음이 있다면 하루라도 빨리 믿는 것이 좋죠.

이런 여러 가지 이유로 지금까지 몇십 년 동안 기독교와 거리를 둔 채 굳건하게 버텨 온 사람들이 있어요.

여러 장애 요소들이 앞을 꽉 가로막고 있기 때문에 한 번도 기독교를 제대로 알 기회를 갖지 못한 것이죠.

문이 아닌 벽으로 들어가려 하니 기독교 안으로 들어갈 수 없었고 받아들이기 힘들었던 것이에요.

이런 답답한 경우가 있나? 문이 없는데 어떻게 들어가란 말이야.

입구는 여긴데….

그들에게 기독교는 언제나 공개된 비밀이었어요. 문으로 들어가세요. 기독교의 문은 예수 그리스도의 역사적 부활 사건이죠. 이제 다음 장부터 기독교에 대해 본격적으로 소개하겠어요.

들어 와요.

3장

기독교의 참모습

기독교는 "하나님이
존재하신다"는 사실에서
시작해요. 그분은 온 우주를
지으신 창조주세요. 태양과
지구, 인간과 동식물 등 모든 것을
지으시고 인간을 만물의 으뜸으로
삼으셨죠.

하나님에 대하여

하나님이 인간을 창조하신 가장 큰 목적은 바로 사랑의 교제를 나누기 위해서예요.

하나님은 인간을 생각하는 존재로 만드시고 자유의지를 부여하셨죠.

따라서 인간은 어떤 일을 할 수도 있고 하지 않을 수도 있는 자유를 갖고 있어요.

동시에 인간은 자신이 한 일에 책임을 져야 하죠.

그래서 하나님은 선악과를 일종의 기준으로 삼으셨어요.

책임 있는 존재인 인간은 선악과를 먹을 수도, 먹지 않을 수도 있었죠.

선악과를 따 먹는 것은 "하지 말라"는 하나님의 말씀을 듣지 않겠다는 결정이고,

따 먹지 않는 깃은 계속해서 하나님의 말씀을 듣겠다는 순종의 표시였죠.

만약 선악과 대신 "태양을 만지지 말라"는 명령을 주셨다면

이것은 오직 복종할 수밖에 없는 명령이죠.

겉으로는 자유를 준 듯하지만 실제로는 복종만 요구한 것이죠.

어떻게 인간이 태양을 만질 수 있단 말이야?

딴 생각은 아예 하지 말란 말이죠.

반면에 이렇게 말씀하셨다면

너는 아무것도 먹어서는 안 돼요.

이는 지킬 수 없는 명령이겠죠.

어차피 먹고 죽으나, 굶어 죽으나 마찬가지니 이왕이면 실컷 먹고 죽자.

그럼, 입은 왜 만드신 거냐구요?

결과가 이렇다면 그것은 오직 불순종하도록 만드는 명령이 되는 거예요.

결국 우릴 죽일 계획이셨어.

하나님은 그런 방식으로 인간에게 명령하지 않으셨어요.

에덴동산에 있는 모든 나무의 열매를 다 먹을 수 있다는 전제를 두시고

한 나무 열매만 먹지 말라고 하신 것이죠.

하나의 기준을 정해 놓고 만일 불순종하여 어길 때는 반드시 죽을 것이라고 말씀하셨어요.

이 말은 부모가 아이에게 이렇게 말하는 것과 마찬가지예요.

엄마 잃어버리면 안 되니까 손을 꼭 붙잡아라. 놓치면 큰일 나.

사랑의 하나님은 우리의 아버지로서, 우리와 사랑의 관계를 맺기 원하세요.

"너희가 나를 벗어나면 궁핍하고 곤고하게 살 것이며 수고하고 애쓰다가 결국 죽을 수밖에 없다."

"너희가 나를 떠나면 반드시 죽는다. 영원히 살 수 없다."

이 말은 선악과를 따 먹으면 하나님이 화가 나서 우리를 죽이신다는 의미가 아니에요.

하나님 말씀에 불순종하는 것 자체가 우리에게 파멸을 초래한다는 뜻이죠.

내 마음대로 살 꺼야!

어느 날 바위가 계란에게 말했어요.

야, 덤비지 마. 나에게 부딪히면 너는 죽어.

웃기셔!

그런데 계란이 마음을 먹고 바위에게 덤벼들었죠.

내가 왜 죽어!

계란은 순식간에 박살이 나고 말았죠.

이런 경우는 바위가 화가 나서 계란을 부순 게 아니죠.

바위 탈을 쓰고 어떻게 그럴 수 있냐?

Oh~No! 절대 아냐!

계란이 바위에게 덤빌 때 이미 그 자체가 파멸의 원인이 된 것처럼

CCTV 녹화된 거 있다구, 봐.

쟤 미친 거 아냐!

생명과 사랑의 근원이신 하나님께 대항하면 인간 스스로 파멸을 자초하게 되죠.

태양보다 더 높이 날 수 있다구.

이카루스 (그리스 신화에 나오는 인물)

창세기 3장에는 인간이 사탄의 꾐에 빠져 결국 하나님께 불순종하게 되는 내용이 나와요.

이 사건이 일어나기 전에 인간은 하나님과 좋은 관계를 맺고 있었어요.

자녀가 부모에게 효도하듯 인간이 하나님을 경외하고 존경하며 그분께 순종했지만

자발적으로 이 관계를 깨고 만 거예요.

그 후 지금까지 이런 상태가 지속되고 있어요.

인간은 하나님의 다스림을 벗어나서 독자적으로 다른 영역을 만들어 살고 있는데

성경은 이러한 상태를 죄라고 지적해요.

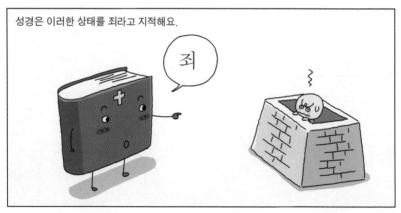

인간에 대하여

인간의 모습을 살펴보는 건 어렵지 않아요.
우리 자신의 모습을 생각해 보면 되니까요.

넌
누구냐?

인간은 불완전해요.

그리고 불완전하기 때문에 실수하죠.

여기서 한 가지 의문이 바로 이거예요.
'왜 인간은 불완전할까요?'

바로 완전하신 하나님 아버지의 품을 떠났기 때문입니다.

하나님을 떠난 인간은 이 땅에서 대략 80년 정도 살다가 죽게 되죠.

인간은 원래 영원히 살 수 있는 존재였으나 타락한 후에 죽어야 할 운명으로 바뀐 거예요.

이 땅에는 전쟁과 홍수, 지진과 기근이 있으며 고통이 그치질 않아요. 하나님이 살아계시다면 왜 그럴까요?

우리가 지금 낙원을 떠나 고통의 땅에서 살고 있기 때문이에요.

하나님을 떠나 온 이곳에는 외적으로 자연재해와 각종 질병이 많죠.

또 내적으로 여러 가지로 부패한 인간의 모습이 있어요.

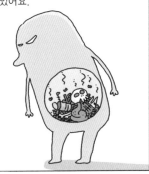

자신의 내면을 솔직히 돌아보면 욕심이 있고 시기심이 있어요.

신상(품) 드디어 구했어!

출랑

출랑

계집애, 아버지 잘 만난 주제에 꿍~ 갖고 싶다.

사촌이 땅을 사면 함께 기뻐해야 할 텐데 왠지 배가 아프죠.

형님, 헐값에 산 땅이 이번에 도시개발되면서…

축하해. (저걸 내가 샀어야 하는건데…)

함께 고시 공부하던 친구는 시험에 붙었는데 난 떨어졌다면

합격자

합격이야!

으으음… 추, 축하해.

친구가 합격했으니 기뻐해야 할 텐데 이상하게 기쁘지가 않죠.

인간의 마음속에는 여러 가지 문제가 있어요. 가령 친구간의 배신이나

부부간의 불화도 있으며

고부간의 갈등도 있고

삶의 회의나 자기 연민, 자포자기,

자기 혐오나 삶의 무목적성(無目的性)

그리고 고독감과

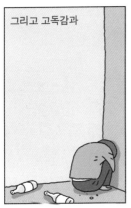

폭력이나

성적인 문제 등이 있어요.

그런데 그중 가장 대표적인 것은 거짓말이에요.

거짓

참되신 하나님늘 떠난 인간의 모습은 심히 거짓돼요.

남에게 거짓말하는 것도 문제지만 가장 무서운 것은 자신에게 거짓말하는 자기 기만이에요.

저는 진짜 깨끗한 사람입니다.

언젠가 큰 홍수로 많은 이재민이 발생해

신문에 수재 의연금을 낸 사람들의 사진과 액수가 게재되었어요.

△△ NEWS

수재 의연금 명단

그걸 본 한 친구가 이렇게 말했죠.

생색내기는…

왜 그래?

뭐 좀 도와줬다고 자기 사진 싣고 왕 짜증이다.

뭐 다 그런 거지.

탁

난 말야, 나중에 부자가 되어 수재 의연금을 내면 이렇게 과시하면서 돈 내진 않을 거야.

음~ 그래?

아무도 모르게 내야지… 그런데 그 모습을 몰래 찍어서 신문에 실어 주면 좋겠어.

에이, 이 위선자야! 내 생각이랑 똑같네.

우리 행동의 동기엔 이런 면들이 많이 숨어 있죠.

예수님은 이 땅에 계실 때 인간에 대해 이렇게 평가하셨어요.

나쁜 생각은 사람의 마음에서 나오는데, 곧 음행과 도둑질과 살인과 간음과 탐욕과 악의와 사기와 방탕과 악한 시선과 모독과 교만과 어리석음이다. 이런 악한 것이 모두 속에서 나와 사람을 더럽힌다. (마가복음 7:21-23)

인간은 도덕적 불감증에 걸려 있어요.

그래서 자신이 무엇을 잘못하는지 모르고 그것을 즐기죠.

깡패들이 사람을 괴롭히면서 즐거워하는 것 또한 도덕적 무감각에서 나온 행위죠.

아직 시작도 안 했는데 엄살 부리면 안 되지?

예언자 예레미야는 이렇게 사람의 마음을 지적했죠.

만물보다 거짓되고 심각하게 부패한 것이 사람의 마음이라. (예레미야 17:9)

물론 인간에게 선한 부분이 없는 것은 아니에요.

그러나 근본적으로 인간은 완전히 선하지 않아요.

썩어가고 있었어!!

인간은 모순덩어리인 것이에요.

왜 안 맞지?

턱

턱

석가모니는 인생을 '고해'라고 표현했고, 성경은 인생을
'수고와 애씀'으로 묘사했어요.

인생의 황금기인 청년 시절에도 많은 갈등
과 문제가 있는데

4수를
어떻게
해야 하지?

나 삐뚤어질
테야.

킹카를
만나야
하는데…

점점 노쇠하고 병들어갈 때는 인생이 얼마나
허무할까요?

결국 이 땅에서는 갈등과 고통이 교차
되며

인간은 수고하고 애쓰다가 죽음을 맞이하죠.

사는 동안 우리는 끊임없이 만족을 추구해요.

첫 번째 만족을 추구하다가 얻으면

두 번째 만족을 얻기 위해 달리고

또 얻으면 세 번째 만족을 추구하기 시작하지.

폴짝

폴짝

계속 끊임없이 다음 만족을 향해 가는 것이 우리의 인생이죠.

헉 헉

나 잡아 봐라.

=3

마치 마약 중독자가 마약의 강도를 점점 높여가는 것처럼 말이에요.

학교를 졸업하면 취업, 취업 후에는 결혼,

드디어 졸업이다.

어라 또 문이네.

그냥 열어줘~

졸업

취업

결혼

결혼 후에는 자녀 출산과 양육, 집 장만 등 삶의 해결 과제들이 계속 주어지죠.

출산

양육

집 장만

이젠 끝이겠지…

=3

이외에도 고부, 부부, 직장 동료 간의 갈등 등 인간 관계에서 벌어지는 끊임없는 문제들이 풀리지 않을 것 같은 미로처럼 펼쳐지고,

이런 상황 속에서 우리 마음은 늘 불안과 갈등으로 뒤엉켜 있지요.

너무 어두운 시각으로만 바라본 것인가요? 하지만 이것이 인생의 실체예요.

수고하고 고생하면서 무엇인가 만족할 만한 목표를 좇아가지만

인간에겐 늘 채워지지 않는 빈 구멍이 있어요.

사랑하는 친구가 갑자기 죽었을 때 인생의 허무함과
공허함을 경험해 보았나요?

열심히 공부해서 좋은 직장을 얻어
성실히 살던 한 친구가 있었죠.

요즘 잘
나간다고
늦게 오네.

미안
미안!

그런데 그가 어느 날 갑자기 죽었다는
거예요.

한 웅큼의 재…
인생이 이렇게
허무하다니.

인간은 결국 다 죽어요.

이는 동서고금을 막론하고 누구에게나
해당되는 명백한 진리죠.

죽음이란 장벽에 부딪쳐 보면 인간은 신을
생각하지 않을 수 없어요.

지금도 점을 치러 다니는 사람들이 많은데, 이는
앞날을 모르는 인간에게 신적 존재를 의지하려는
본능이 있다는 단적인 증거예요.

인간은 구원받으려고 아무리 노력해도 구원받을 수 없어요.

파닥

파닥

왜냐하면 인간이 하나님으로부터 벗어나 있기 때문이에요.

내가 무슨 영화를 누리겠다고…

마치 뿌리가 뽑힌 나무처럼 말이에요.

뿌리 뽑힌 나무는 서서히 썩어가죠.

그런 나무에게 잎을 초록색으로 칠하고 영양주사를 맞히면 일시적으로 살아있는 것처럼 보이겠지만

결국은 마르고 썩을 수밖에 없죠.

나무가 땅에서 뽑혔다는 말은 이미 그 나무는 죽었다는 뜻이지.

성경은 인생의 실존에 대해 이렇게 말해 주고 있어요.

인간이 하나님을 벗어났다.

Bible

인간은 썩어가고 있어요. 썩이기는 인간의 증상은 무엇일까요?

바로 교만과 열등감, 기만, 음탕함, 거짓, 시기, 미움, 다툼과 같은 거예요.

기만 혈기
열등감 음탕 시기
거짓 교만
미움

부모가 거짓말을 가르쳐주지 않아도 아이들은 거짓말을 쉽게 해요.

여보, 우리 애가 거짓말을 스스로 터득했어요.

혹시 천재 아냐?

인간들이 모이면 갈등과 싸움이 생기기 마련이에요.

차 빼라구!

개나 소나 차는 다 몰고 다녀요, 진짜!

네가 빼, 임마!

빵 빵

너 나 할 것 없이 자기 고집이 있고 자기 것 챙기기에 바쁘죠.

절대 사수

내가 먼저 집었다구!

그런 게 어딨어 손 안 놔!

내꺼 라구!

Sale 80%

이는 인간이 땅에서 뽑힌 나무와 같기 때문에 나타나는 증상일 뿐이죠.

덜거덕   뻑짝   뻑짝   짜부락

짜부락

나무가 땅에서 뽑혀 나온 상태,즉 하나님을 떠나 가출한 인간의 상태인 것이죠.

자기를 지으시고 사랑하는 그분을 박차고 나온 겁니다.

인간은 죄에 빠져 있다고 말해요.

따라서 인간은 죄인이기 때문에 죄를 짓죠.

꿈틀

죄가 마음에 들어가 똬리를 틀었지. 큭 큭

꿈틀

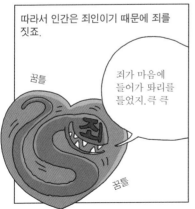

죄를 짓기 때문에 죄인이 된 것이 아니라 근본이 죄인이기 때문에 죄를 짓는 거예요.

저 녀석 재수 없지? 손 좀 봐 주라구.

어느 날 바닷가 해변에서 엄마 꽃게가 새끼 꽃게를
나무라면서 말했죠.

애야, 잘 좀 걸어 봐라.

넌 왜 옆으로 걷니? 똑바로 가야지.

근데 엄만 왜 옆으로 걸어요?

애도 참, 엄만 꽃게잖니.

그럼 저는요?

엄마는 이래도 너만은 바르게 걸어야 될 거 아냐.

어휴~

참 가지 가지다.

마찬가지로 인간은 죄인이기 때문에 죄를
지어요.

화장실 들어갈 때와 나올 때가 다르며

우와~ 싸겠어!!

MAN

저런 저런 호들갑은... 쯧쯧.

자기가 아쉬울 때와 넉넉할 때가 달라요.

음란한 마음을 억제하기 어려우며

흐흐…

미워하는 마음을 고칠 방도가 없어요.

옛날 많은 성현들도 이런 문제들 때문에 수양과 고행의 길을 택해서 살곤 했어요.

신학자 마틴 루터도 그런 사람 중 한 명이었죠.

그는 자신의 죄악을 씻어보려고 무릎으로 계단을 오르며 잠도 안 자고 고행을 했어요.

또 스님들도 죄를 없애려고 얼마나 노력하던가요?

음욕을 없애려고 정신을 통일하며 도를 닦지만 그럼에도 불구하고 그 마음에는 여전히 음욕이 있죠.

죄성은 지울 수도, 고칠 수도 없어요.

이거 없애면 죄가 없어질까요?

문신은 제거되지만 죄는 없어지지 않아요.

반면에 하나님은 철저히 공의로운 분이세요.

法

미움, 음란함, 시기, 악독, 기만 등 모든 죄에 대해 벌을 내리시죠.

유죄!

그렇다면 우리 인간에게 남은 일은 심판과 파멸을 당하는 것뿐이에요.

예수님에 대하여

인간의 죄 문제에 대해 다른 종교에서는 어떻게 말하고 있을까요?

가령, 불교를 포함한 일반 종교에선 이렇게 설명해요.

너희는 도대체 나이가 몇 살인데 아직도 콧물을 흘리느냐?

에취!

후릅

기침도 많이 하는데 가만히 있으면 낫겠느냐?

그럼 어쩌라고요?

콧물 때문에 스타일 다 구겨요.

훌쩍

우선 콧물이 나면 휴지를 사서 하루에 세 번씩 닦아라.

팽

그리고 기침이 나면 배에 힘을 주어라. 평소에 복식 호흡을 해라.

쿨

1년쯤 지나면 기침 횟수가 40번으로 줄고 5년쯤 지나면 30번으로 줄다가 어느 날 기침이 그칠 것이다.

참느라고 죽는 줄 알았네.

주루룩

수행에 **정진** 하겠습니다.

넙죽

넙죽

반면 기독교의 설명은 이렇죠.

콧물을 닦아보세요. 또 나오지 않던가요?

훌쩍

감기에 걸렸기 때문에 아무리 닦아도 소용이 없어요.

답답해 미치겠어. 휴지가 벌써 몇 통째냐고?

허아아 =3 =3

그러지 말고 병원에 가서 감기를 치료하세요.

병원

대부분의 종교에서는 인간의 모순성을 지적하고 그것을 고치기 위한 여러 가지 방법을 제시하죠.

이 약으로 말씀 드리자면…

그러나 기독교에서는 그런 여러 가지 노력으로는 회복이 불가능하다고 말해요.

가장 좋은 방법은 창조주께 돌아오는 것이라고 하죠.

성경의 핵심은 다음과 같아요.

창조주 하나님께 돌아온다는 것은 마치 뿌리 뽑힌 나무가 생명을 얻기 위해 땅에 심기는 것과 같아요.

그분께 돌아오면 인간은 원래의 아름다운 모습으로 회복되죠.

죄로 오염된 인간, 하나님과의 관계가 완전히 단절된 인간은 생명의 근원 되신 그분과 올바른 관계를 맺으면서 근본적으로 새로워지는 거예요.

인간의 숙제

하나님과 단절되어 살아가는 인간들은 하나님과의 관계에서 세 가지 큰 어려움을 안고 있어요.

씩 씩

첫째, 인간은 신을 알 수 없어요.

인간은 이미 더럽혀진 죄인이기 때문에 어느 누구도 하나님을 만날 수 없어요.

인간은 이미 죄 안에 갇혀 있어서 하나님과 철저히 분리된 상태예요.

방 안의 불을 끄면 어둡다가

불을 켜는 순간 어두움이 단번에 없어지는 것처럼 하나님과 인간 사이도 마찬가지죠.

딸깍

하나님과 인간은 빛과 어둠처럼 도저히 함께 거할 수가 없어요. 둘은 완전히 분리되어 있죠.

그래서 우리는 태어나면서부터 하나님을 몰라요.

둘째, 신을 안다 하더라도 신 앞에 나아갈 길이 없어요.

하나님은 공의로운 분이시기 때문에 죄인인 인간은 그 앞에 설 수 없어요.

마치 사람을 죽인 살인자가 늘 경찰서나 경찰관을 피해 다니는 것과 마찬가지예요.

후덜
후덜

죄를 지으면 마음이 편하지 않아 도망칠 수밖에 없어요.

두근
두근

하나님 앞에서 죄인인 우리는 시기하고 미워하며 속이고 진실치 못하며 음란하죠.

시기 거짓
미움 음탕

물론 이런 죄는 법에 저촉되지 않지만

이건 죄가
아니라구.

중심을 보시는 하나님은 남을 미워하는 것,

저걸 친구
라고…

인간 같지
않은 녀석!

더군다나 속으로 미워하면서 겉으로는 그렇지 않은 것을 가증스럽게 여기시죠.

신을 안다 하더라도 나아갈 길이 없다면 차라리 신이 있는지 모를 때가 더 나을 거예요.

신이 있음을 알았으나 그 신에게 나아갈 길이
없을 땐 얼마나 힘들까요?

앞의 두 가지 사실, 즉 신의 존재와 구원의
길을 안다고 해도 또 한 가지 문제가 생기
는데 그게 바로 의심이에요.

의심

현실적인 삶에 익숙한 우리 인간은 초자연
적인 신에 대해 들을 때 본능적으로 의심이
생기죠.

나는
하나님이다!

진짜
일까?

이런 이유 때문에 우리 인간은 구원받을
기회를 가질 수 없었어요.

신이
있을까?

천국을 본
것 같은데…

아니야,
환상이야.

요즘 몸이
안 좋은
건가?

이 구원 문제가 풀리지 않은 채 늘 미루어져
온 것이에요.

다음에

다음에

구원
문제

성경은 이것이 바로 구원받기 전 인간의 근본적인 실존이라고 지적해요.

너 혼자서는 신에게 나아갈 수 없어.

마음속에서는 끊임없는 의심이 생겨나지.

넌 스스로 신을 알 수가 없어.

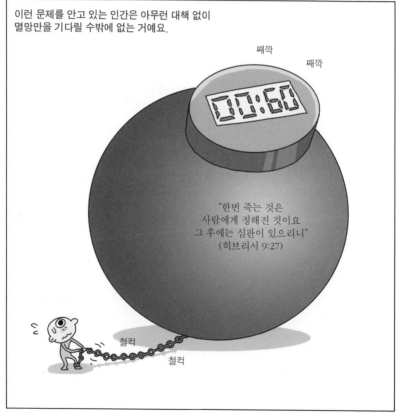

이런 문제를 안고 있는 인간은 아무런 대책 없이 멸망만을 기다릴 수밖에 없는 거예요.

째깍

째깍

"한번 죽는 것은 사람에게 정해진 것이요 그 후에는 심판이 있으리니" (히브리서 9:27)

철컥

철컥

하나님의 해답

그런데 하나님께 문제가 생겼어요.

공의롭고 사랑이 많으신 하나님은 죄는 미워하시되 죄인은 사랑하세요.

인간 편에서 볼 때 하나님이 딜레마에 빠지신 것이죠. 인간들의 죄를 용서할 수 없지만 그들을 사랑하시는 거예요.

해결 방도를 찾던 하나님은 드디어 그 아들 예수 그리스도를 이 땅에 보내셨어요.

하나님의 해결책은 인간이 갖고 있는 세 가지 어려움을 푸는 것이었어요.

첫째, 하나님이 계심을 알려주어야 하고

둘째, 구원받을 길을 주어야 하고

셋째, 의심을 풀 수 있는 확실한 증거를 주어야 한다는 것이죠.

그래서 하나님은 우리에게 자신을 알려주기로 결정하셨어요.

먼저 이스라엘이라는 한 족속을 통하여 하나님이 존재함을 알려주셨어요.

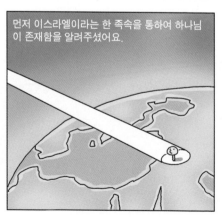

또한 하나님은 우리 모든 인류를 위해 길을 만들어 주셨어요.

죄로 인해 형벌 받아야 할 인간들을 위해 예수님이 대신 십자가에서 형벌을 받고 죽으심으로써

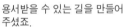

용서받을 수 있는 길을 만들어 주셨죠.

구약시대에는 이집트와 앗시리아, 바빌로니아, 페르시아 등 강력한 국가들의 흥망성쇠가 거듭되었는데

이 시기에 하나님은 이스라엘의 예언자들을 통해 장차 하나님의 아들이 이 땅을 방문한다고 알려주셨어요.

도저히 믿기 어려운 꿈 같은 이야기였어요.

그분은 나사렛에서 자라 강도들 틈에서 죽으시고 부자의 묘실에 장사되실 것이다! (이사야 53:9)

메시아가 죽는다고?

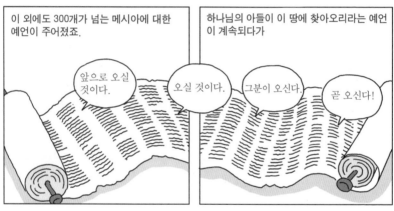

이 외에도 300개가 넘는 메시아에 대한 예언이 주어졌죠.

앞으로 오실 것이다.

오실 것이다.

그분이 오신다.

하나님의 아들이 이 땅에 찾아오리라는 예언이 계속되다가

곧 오신다!

마침내 신구약 중간기를 거쳐 메시아 출현 바로 직전에 마지막으로 예언자 세례 요한이 나타났어요.

나는 광야에서 외치는 소리다!

그는 예수님을 메시아라고 선포했어요.

내 뒤에 오실 이가 바로 그분이다!

드디어 기원전(BC)과 기원후(AD)를 가르며 역사 속에 예수께서 등장하셔서 말씀하셨어요.

당시 사람들은 예수께서 병든 자를 치유하시고

시각 장애인의 눈을 뜨게 하시며 한센병 환자를 고치시고

심지어 죽은 사람을 살리시는 모습을 보면서 그가 하나님의 아들이라고 믿었어요.

반면 그분을 시기했던 유대 지도자들은 하나님의 아들임을 주장하는 예수께서

신성을 모독한다는 명목으로 그분을 십자가에 못 박아 죽였지요.

하나님의 아들이란 개념은 인간의 가족 개념에서 말하는 아버지와 아들 관계와는 달라요.

자신이 하나님의 아들이라는 것은 곧 자신이 하나님이라는 뜻이에요.

쉬운 이해를 위해 예를 들자면, 말의 새끼를 망아지, 소의 새끼를 송아지라고 할 때

망아지   송아지

송아지를 '말'이 아닌 '소'라고 말하듯이

말 새끼야? 소 새끼야?

고만 해라. 듣기 영 거북하네.

예수께서 자신을 '하나님의 아들'이라고 주장하신 것은 그분이 바로 그가 인간이 아닌 하나님이시라는 뜻이에요.

이 말이 사실이라면 예수님을 세계 4대 성인 중의 한 분으로 인정하기는 곤란해지죠.

다른 데 가시죠. 여기는 좀 아닌데…

그분은 인간이 아니시기 때문이에요.

예수께서 자신을 가리켜 하나님의 아들이라고 하셨으니 만일 그 말이 사실이 아니라면

우리와 별다를 게 없잖아!

말과 행동이 다르잖아!

증거를 보여 봐!

그분은 결과적으로 미친 사람이거나 거짓말쟁이일 수밖에 없어요.

나는 신이다!

그분은 높은 도덕적 교훈을 이야기하셨지만,

오른뺨을 때리면 왼뺨을 대라.

이웃을 네 몸과 같이 사랑하라.

자신에 대해서 명확히 말씀하셨습니다.

나는 죽으러 왔다.

나는 하나님의 아들이다.

나를 통해서 구원받아야 한다.

나는 하늘로부터 왔고 나를 믿어야 생명을 얻는다.

제정신이신가?

사람으로서 할 수 없는 말이다.

그렇다면 우리는 예수님을 둘 중의 하나로 보아야 합니다.
그분은 진정 하나님의 아들일까요?

아니면 거짓말쟁이일까요?

죄인의 구원

우리 인간이 신을 알 수 없기 때문에 하나님은 예수 그리스도라는 인물을 보내셨고

하나님께 나아가는 길이 되게 하셨어요.

나만 따라오면 돼.

이 시점에서 잠깐 생각해 볼 점이 있어요. 죄인이 구원받는 일이 가능할까요?

말도 안 돼. 이런 녀석들을 구원한다구?

우리도 알고 보면 착하다구.

난 가슴이 따뜻한 사람이야.

하나님 보시기에 선한 사람은 없으며 오직 상대적인 관점에서만 선할 뿐이죠.

난 깨끗한 사람이라구.

어우~ 냄새야!

네가 더 지독하거든.

냄새가 나는 건 착각이야.

죄

이그~ 더러운 놈들.

우리는 상대적인 비교 기준으로 선악을 따지지만

하나님의 절대적인 기준에서 우리를 본다면

와글 와글

우리 자신도 결코 하나님의 심판에서 예외일 수 없어요.

그렇다면 죄인이 구원받는 교리를 어떻게 설명할 수 있을까요?

난 의인을 구하러 온 것이 아니라 죄인을 구원하러 왔노라. (마태복음 9:13)

당연히 착한 일을 많이 한 사람이 구원받아야 하지 않을까요?

천국

저 사람 대단하네.

선행

그러나 하나님이 모든 사람을 구원하시려면 이 방법밖에 없어요.

얼마나 해야 돼?

언젠가 도달하겠지.

선행하면 된다고 누가 그래?

선한 사람만 구원받는다면 우리 인간은 도저히 구원받을 수 없죠.

인격 수양을 많이 하거나 신앙생활을 오래 한 사람도 마찬가지예요.

답을 찾았나요?

따라서 하나님은 한 사람이 대신 죽음으로써 모든 사람이 용서받는 방법을 택하셨어요.

하나님은 공의로우시기 때문에 죄를 그냥 간과하실 수는 없어요. 죄의 대가는 죽음이죠.

法

그러나 하나님은 사랑이 많으시기 때문에 인간을 멸망하게 내버려두실 수 없었어요.

그래서 이 죄를 누군가에게로 옮기는 방법을 택하셨던 거예요.

예를 들어볼게요. 어느 왕국의 임금이 나라를 망치는 범죄를 근절하고자 엄한 법령을 제정했어요.

새해 첫날을 기점으로 죄를 짓는 사람은 두 눈을 뽑아 버리겠다!

그런데 이 법이 시행된 첫날 가장 먼저 붙잡혀 온 사람이 있었어요.

왕이시여, 범죄한 자를 잡아는 왔습니다만…

그래, 누구냐?

놀랍게도 그 사람은 임금의 하나밖에 없는 외아들이었어요.

그는 순간 근심에 빠져 버렸어요.

오늘은 무효로 하고 내일부터 법 집행을 한다 하면…

그건 공의를 저버린 왕이 되는 거고…, 아.

눈을 뽑자니 아들이 맹인이 되겠고…

깊고 깊은 고민 끝에 임금은 어렵게 결정을 내렸어요.

그것은 바로 아들의 눈을 하나만 뽑고 대신 자기의 눈을 하나 뽑는 것이었죠.

와… 왕이시여, 굳이 그렇게 안 하셔도…

공의는 지켜야 하느니라.

그럼으로써 법을 지키면서도 사랑하는 아들이 맹인 되는 것을 막기로 한 거예요.

진짜로 하네.

하나님은 바로 이런 방식으로 우리 인간을 구원하셨어요.

즉 예수 그리스도께서 우리 인간의 죄를 대신 짊어지심으로써

인간을 구원해 주신 거죠.

그럼에도 이 구원을 이해하기는 참 어려워요.

그분이 십자가를 대신 지신 것과 죄인이 용서받는 것과 무슨 상관이 있는 거죠?

왜냐하면 죄인이 구원받는다고 하는 이 사실이 우리 정서로는 잘 이해되지 않기 때문이에요.

저놈은 당장 죽여야 돼!

감옥의 밥이 아깝다!

네가 인간이냐?

그래서 하나님은 예수 그리스도께서 이 땅에 오시기 훨씬 전인 구약 시대부터 여러 제도적 모형을 통해 이 구원의 원리를 가르쳐 주셨죠. 대표적인 4가지를 말해볼게요.

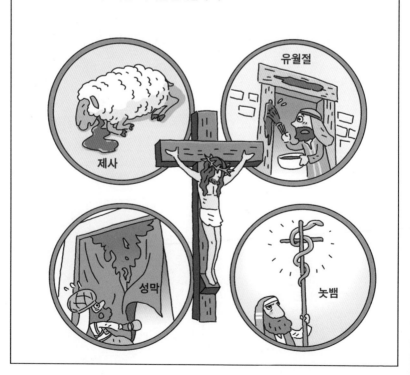

유월절

제사

성막

놋뱀

첫째, 구약 시대에는 제사 제도가 있었죠.

이는 죄를 범하면 소나 양 같은 짐승을 잡아서 안수하여 그것에 죄를 전가하는 의식이었어요.

원래는 죄를 범한 사람 자신이 죽어야 하는데 그 짐승에게 안수하고 대신 죽이는 거예요.

그래서 이렇게 바쳐진 소나 양을 대속물이라고 불렀어요.

예수께서 이 땅에 오셨을 때, 세례 요한은 그분을 가리키며 말했어요.

보라, 세상 죄를 지고 가는 하나님의 어린 양이로다.

이는 예수께서 모든 인간의 죄를 대신해 바쳐질 대속물이시란 뜻이죠.

둘째, 제사 모형의 극치를 표현한 것이 바로 유월절 사건이에요.

아빠, 뭘 발라요?

어린 양의 피란다.

유월절은 구약 시대 이스라엘이 약 430년간 이집트의 노예로 고통스럽게 살 때

요령 피우지 말고 어서 일해!

짝

짝

아~ 이 세상살이가 너무 고통스럽구나.

모세라는 인물이 이집트의 속박에서 이스라엘을 구해 낸 사건이에요.

당시 모세가 이집트 왕 파라오를 찾아가 이스라엘 백성을 해방시킬 것을 요구했지만

우리 백성을 풀어 주시오.

나 원 참!

파라오는 들은 척도 하지 않았고 그래서 하나님은 이집트에 열 가지 재앙을 내리셨죠.

오 마이 갓…?! 아니지. 오시리스 신이여!!

그래도 꿈쩍 않던 파라오는 마지막 재앙을 당하고 난 후에야 하는 수 없이 이스라엘 백성을 놓아 주었어요.

당장 떠나라!

그 마지막 재앙이란 바로 이집트에 있는 모든 맏아들과 가축의 첫 새끼를 죽이는 재앙이었죠.

맏아들

첫 새끼

하나님이 그런 재앙을 주신 것은 파라오의 마음속에 있는 완고한 고집 때문이었어요.

그래도 내가 세계 최강 이집트 왕인데 저딴 것에 굴복할 수 없지.

어쨌든 이스라엘 백성을 내보내지 않으면 열 번째 재앙이 내린다고 경고했음에도

내리던 말던 니 맘대로 하세요.

파라오는 끝내 말을 듣지 않았고

...

결국 왕의 아들을 비롯한 이집트의 모든 맏아들이 죽게 되는 비참한 일이 벌어진 것이죠.

바로 이 일이 있기 전에 이스라엘 백성은 집 문 위 좌우 기둥에 어린 양의 피를 바르라는 명령을 받았고

해가 지기 전까지 발라야 돼!

빨리 해야 겠네.

재앙을 내리는 하나님의 사자는 그 피를 보고 이스라엘 백성의 집은 건너뛰어 갔던 거예요.

그래서 모든 이스라엘의 맏아들은 죽음을 면하고 살았어요. 이를 기념하여 이스라엘 백성들은 유월절을 대대로 지키고 있죠.

유월절 사건이 의미하는 바는 어린 양의 피가 있으면 살 수 있다는 것이에요.

인간은 죄 때문에 죽어야 하지만 예수 그리스도의 피가 있으면 죽음을 피할 수 있어요.

예수 그리스도께서 유월절에 돌아가신 이유도 여기에 있죠.

셋째, 구약에는 성막 제도가 있어서 그리스도의 대속을 미리 예시해 주고 있어요.

유대인 성전은 성소와 지성소로 나뉘어 있고 둘 사이에 무거운 휘장이 드리워져 있었죠.

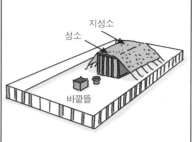

지성소는 하나님이 계시는 곳으로서 인간이 들어가면 죽는 곳이었고

오직 1년에 한 번씩 대제사장만 들어갈 수 있었죠.

대제사장은 속죄하는 동물의 피를 가지고 지성소에 들어갔는데 이것은 인간이 하나님께 함부로 나아가지 못함을 알려 주죠.

인간과 하나님 사이가 완전히 분리되어 있었던 거예요.

그러나 예수께서 운명하실 때 성소의 휘장이 위에서부터 아래로 찢어졌어요.

이는 예수께서 하나님과 인간 사이의 막힌 담을 헐고 구원의 길을 열어 주셨음을 시각적으로 보여 주지요.

나만 들어가는 곳인데…

이제 누구나 들어갈 수 있다구요.

성경에는 다음과 같은 매우 유명한 구절이 있어요.

하나님이 세상을 이처럼 사랑하사 독생자를 주셨으니 이는 그를 믿는 사람마다 멸망하지 않고 영생을 얻게 하려 하심이라. (요한복음 3:16)

넷째, 모세의 놋뱀 사건을 언급하고 있어요.

즉 모세가 광야에서 놋으로 만든 뱀을 든 것처럼 예수 그리스도께서도 놋뱀처럼 들리셔야 한다는 뜻이에요.

당시 이스라엘 백성들은 이집트를 탈출하여 가나안 땅에 들어가기까지 광야에서 헤맸죠.

험난한 광야 생활로 인해 백성들은 원망과 불평을 쏟아내기 시작했어요.

으~ 이 지긋지긋한 광야생활.

이집트에 있을 땐 이렇지 않았는데.

어느 날 마음이 상한 백성들이 하나님과 모세를 원망하자

하나님은 원망하는 이스라엘 백성에게 불뱀을 보내시어 많이 죽게 하셨어요.

그러자 이스라엘 백성들은 자신들의 잘못을 빌었고 모세는 백성들을 위해 하나님께 기도했어요.

하나님은 장대에 놋뱀을 달아 쳐다보는 자는 살려주겠다고 하시면서 다시 한 번 이스라엘 백성에게 살 수 있는 기회를 주셨어요.

모세는 놋뱀을 만들어 장대 위에 높이 달았고

저걸 쳐다보면 살 수 있어요!

그 말을 믿고 놋뱀을 쳐다본 사람들은 생명을 구했죠.

그때 만일 하나님이 장대에 달린 놋뱀을 올려다보는 행위가 아니라

어린 양을 제물로 바치는 조건으로 구원을 주셨다면 모두 죽었을 거예요.

메에에에…　　　메에에에…

이미 독사의 독이 퍼져서 죽어 가는데 언제 흠 없는 어린 양을 찾아 바칠 수 있겠어요?

몸을 움직일 수..없...어.

스르르

단지 장대의 놋뱀을 쳐다보는 행위, 즉 고개만 드는 것이라면 살 수 있었던 거예요.

광야에서 독사에게 물린 이들이 놋뱀을 쳐다보기
만 하면 구원을 받는 것처럼 죄인인 인간은 예수
그리스도를 믿기만 하면 구원을 받는 거예요.

그리고 사도 요한 역시 놋뱀처럼 들리신 예수님을 통해서만
구원이 이루어진다고 기록하고 있어요. (요한복음 3:14-15)

예수님께서
자신을 가리켜
말씀하셨어요.

구원받는 조건이 너무 쉽기 때문에 오히려 믿기 어려울지 모르겠어요.

푸하하하 구원받는 것 엄청 쉽고마잉!

그냥 믿으면 된다고라고라? 웃기서.

그러나 원래 너무 값진 것은 값없이 받기 마련이죠. 공기, 햇빛, 심장, 생명…

우리 인간이 아무리 선하게 보여도 근본적으로 죄인인 우리는 죄를 지을 수밖에 없어요.

이미 죄의 기운이 인간에게 퍼져 있다고 말하는 편이 좋겠군요.

인간의 능력으로는 도저히 하나님이 요구하시는 선한 경지에 도달할 수가 없어요.

그렇기에 아무 조건을 달지 않고 예수 그리스도를 믿으면 구원을 준다고 한 것이에요.

철학
학력
나이
재력
가문
봉사
금제

NO!

지금까지 예수님을 믿지 않고 지냈더라도 원하기만 하면 당장 구원을 받을 수 있어요.

예수 그리스도께서는 이 땅에 사시는 동안 많은 병자를 고치고

죄인을 만나시며 하나님의 말씀을 가르치셨어요.

하나님이 거룩한 사람만 만나준다면 이 땅의 죄인들에게는 구원의 기회가 없을 거예요.

횡~

이스라엘의 종교 지도자들이 예수께서 죄인들 만나는 것을 문제 삼을 때

예수는 어찌하여 세리와 죄인과 함께 먹고 마시냐?

예수께서 말씀하셨어요.

건강한 자에게는 의사가 쓸데없고 병든 자에게 쓸데 있나니.

내가 의인을 부르러 온 것이 아니라 죄인을 불러 회개시키려고 왔노라.

애당초 이 땅에는 의인이란 없죠.

하나님이 구원을 주시기로 하셨다면 모든 사람이 기회를 얻어야 하겠죠.

그래서 예수님은 죄인들을 만나셨고

나를 믿는 자는 구원을 얻을 것이다.

죄인된 모든 인간을 위해 죽으셨어요.

죽기 전에 그분은 제자들에게 자신이 죽을 것이란 사실과

죽음 후 3일 만에 다시 살아날 것이란 사실을 미리 말씀하셨어요.

그러나 당시에는 그 말을 믿은 제자들이 하나도 없었죠.

비유로 말씀하신 건가?

우리가 뭐 잘못한 것 있냐?

하지만 예수 그리스도께서 실제로 부활하신 후에야 제자들은 믿게 되었고

평안하느냐?

그때 말씀하신 것이… 바로 이거구나.

그 후로 십자가와 부활의 증인이 되었죠.

주 예수를 믿으시오! 그분이 메시아 이십니다.

예수 그리스도께서 자신이 이 땅에 온 목적을 이렇게 말씀했어요.

인자는 섬김을 받으러 온 것이 아니라 섬기러 왔으며.

많은 사람을 위하여
자기 목숨을 몸값으로
치러 주려고 왔다.
(마태복음 20:28)

그분은 이 땅에 계실 때 실제 다른 사람을 섬기는 삶을 사셨고

구약의 약속에 따라 사람들의 죄를 대신하여 십자가에 죽으셨어요.

그리고 십자가에 달리셨을 때도 함께 달린 강도 한 명을 구원했어요.

오늘 나와 함께 낙원에 있으리라.

오, 주님!

이 강도는 평생 악한 짓만 한 사람이었는데 자기의 죄를 회개할 때 예수님으로부터 구원의 말씀을 듣게 된 것이에요.

예수여, 당신의 나라에 이를 때에 나를 생각해 주세요.

강도는 생의 마지막 순간에 예수 그리스도를 믿게 된 거예요.

어서 오너라.

예수님.

예수 그리스도께서는 이것을 통해서 다시 한 번 우리에게 교훈을 주세요.

어떤 죄인이라도 예수 그리스도 앞에서 자신의 죄를 인정하고 회개하면 받아주세요.

십자가에 달린 흉악한 강도도 회개하여 구원받았다면 이 땅에 구원받지 못할 사람이 어디 있을까요?

나 같은 놈도 가능성이 있다는 거군요?

예수 그리스도께서 자신에게 오는 자들에게 약속하신 말씀이 있어요.

아버지께서 내게 주시는 자는 다 내게로 올 것이요. 내게 오는 자는 내가 결코 내쫓지 아니하리라. (요한복음 6:37)

예수 그리스도께서는 나를 포함한 모든 사람을
위해 십자가에 달리셨던 거예요. 이것이 바로
기독교 구원의 핵심 내용이에요.

앞에서 무신론자에게도 신이 없다는 믿음의 근거가 있어야 한다고 말했어요.

신이 없다는 걸 밝힐 방법이 있을 거야.

무신론자

그렇다면 무신론자들 입장에서 이렇게 되물을 수 있겠죠.

하나님이 있다는 증거는 무엇이죠?

믿을 수 있는 근거가 무엇인가요?

증거는 두 가지예요. 첫째는 객관적 증거인 예수 그리스도의 부활이고

예수님이 무덤에 안 계서!

둘째는 주관적 증거인 기도의 응답이죠.

주께서 내 기도에 응답해 주셨어. 오~ 주님.

하나님이 계셔서 우리에게 나타나실 의도가 있다면 증거를 주시는 것은 당연해요.

증거

생각해 보세요. 증거가 없이 어떻게 믿을 수 있을까요!

보이지도 않고 들리지도 않는 하나님을 어떻게 믿어?

더듬 더듬

증거 없인 정말 곤란하지.

틱 틱

이는 아주 중요한 부분이에요. 만약 하나님이 계시다면 나는 어떻게 믿을 수 있을까요?

검색해 보면 방법을 알 수 있을까?

그분이 어떻게 해주셔야 믿을 수 있을까요?

타닥 타닥

그분의 음성을 들으면 될까요? 만일 하나님이 이렇게 말씀하신다면 어떨까요?

나는 온 우주를 만든 창조자요, 살아있는 하나님이다.

사랑하는 아들아 내가 널 만들었다.

꽈광

너는 예수를 믿어야만 구원을 받는다!

예?!

당시로선 무척이나 놀라겠지만 1년이 지나고 2년이 지나고

그때 혹시 내가 잘못 들은 것은 아닐까?

시간이 흘러가면 의심이 들지 몰라요.

한 번 더 들으면 좋겠다.

하나님이 이러한 방식으로 사람에게 나타나시지 않는 또 다른 이유는 사람들이 하나님을 너무 초자연적이고 신비로운 분으로 생각하기 때문이에요.

하나님은 인격체이세요. 초자연적인 체험을 자꾸 추구하다가는

잘못된 이단에 빠지기 쉬워요.

주의! 늪지대

하나님은 우리 인간과 인격적 관계를 맺길 원하시기에

인간을 자발적인 존재로 만드셨어요.

I love you ♥

됐거든!

그분은 인간이 자발적인 마음으로 돌아오기를 원하시지

멈칫

기적이나 신비한 경험 때문에 돌아오기를 원하지 않으세요.

서프라이즈
기적의 체험

좀 더 짜릿한 거 없나?

인간이 자발적으로 결정할 수 있고 충분히 자기 의지를 사용할 수 있는데도 불구하고

자기   의지

초자연적인 힘으로 인간을 복종시키기를 원하지 않으시죠.

죽고 싶냐? 믿으라면 믿을 것이지!

빠   직

초자연적인 경험의 약점은 언제고 의심이 비집고 들어온다는 점이에요.

그때 친 번개가 정말 하나님이 내리신건가?

아니야. 내가 뭐라고 그런 일이 나겠어?

믿음은 기적 때문에 생기는 것이 아니라 성령을 통해 생기죠.

기적은 전혀 대단한 일은 아니에요. 예수님이 많은 기적을 보여 주셨을 때

보이기 시작해요.

사람들이 다 보고 놀랐지만 그때뿐이었죠.

맹인이 눈 뜬 거 봤어?

야! 난 죽은 사람이 살아난 걸 봤다구.

당신의 경우는 어떤가요? 주위에서 기적이 일어난 이야기를 전해 듣거나

알코올중독에 암까지 걸렸던 환자가 기도원에서 나았대!

으음, 그래.

TV를 통해 어떤 기도원에서 병을 고치는 장면을 보았을 때

이것 보고도 믿음이 안 생겨요?

그것 때문에 그리스도인이 되겠다는 결심을 한 번이라도 해본 적이 있나요?

그런 일도 있을 수 있지 뭐.

으이그~ 마귀자식.

초자연적인 경험이나 현상에는 의심이 수반되므로 증거로서는 한계를 지니고 있죠.

의심 의심 의심 의심 의심

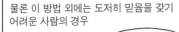
물론 이 방법 외에는 도저히 믿음을 갖기
어려운 사람의 경우

예수님이
우리 죄를 대신
지시고…

네가 무슨 말 하는지
이해도 안 되고 믿어
지지 않아.

하나님이 특별한 방법을 사용하기도 하세요.

오늘 재수
완전 꽝이야.
음냐 음냐~

드르릉

제가 지도하던 기독 모임에 나온
4학년 여학생의 말이에요.

꿈에 천사가 나타나서
교회에 다니라고 해서
나오게 됐어요.

그 후 그 여학생은 체계적인 신앙지도
를 받고 예수 그리스도를 믿게 되었죠.

믿음

그러나 이런 경우는 극히 예외적인 것이며, 기적의 경험
을 한다고 다 그리스도인이 되는 것은 아니에요.

객관적 증거

예수님의 부활

하나님은 의심 잘하는 우리 인간의 약점을 너무 잘 아시기 때문에 결국 결정적 증거인 과학적 증거, 역사적 증거를 주셨어요.

과학적 **증거**

역사적 **증거**

바로 역사상 실제로 나타난 예수 그리스도의 부활 사건이에요.

시신이 어디로 갔지?

인간은 누구나 죽어요. 죽는 것은 자명한 사실이죠.

그런데 하나님의 아들이신 예수 그리스도께서 죽었다가 부활하셨어요.

이것을 믿을 수 있나요?

예수님은 살아계실 때 미리 자신의 부활을 거론했지만 제자들은 믿지 않았어요.

죽으셨다가 다시 사신다니 무슨 말씀이지?

난생 처음 듣는 얘기라.

끙~~

그러나 예수님은 십자가에 돌아가신 지 3일 만에 부활하셨고

예수께서 다시 살아 나셨어!

이를 직접 본 제자들은 비로소 부활을 믿게 되었죠.

부활로써 예수님은 자신이 하나님의 아들이라는 사실을 입증하셨어요.

20세기 후반에 어떤 사람이 이 부활이 거짓임을 입증해 보려고 시도한 적이 있었어요.

그는 영국의 저널리스트 프랭크 모리슨이란 사람으로

기독교에서 중요하게 여기는 부활의 허구성을 증명하려고 시도했죠.

쇼라는 것을 밝혀낼 거야!

부활은 조작극 이다!

3년여에 걸쳐 모든 자료를 모으며 피나는 노력을 기울여 성경의 모순을 파헤치려고 했죠.

내가 찾아내고 말 거야!

그러나 후에 그는 "누가 돌을 옮겼는가?"란 책을 저술하여 부활을 확증했어요.

그는 서문에서 다음과 같이 진술했어요.

이 책은 사실적 힘에 의해 처음 시도 했던 내용을 포기하고 다른 것을 쓰게 된 내적 이야기 즉 하나의 고백록입니다.

그는 이 책을 통해 예수님 일생의 마지막 7일을 철저하게 연구한 결과

부활이야말로 인류 역사상 가장 위대하고 확실한 역사적 사건이란 결론에 이르렀죠.

결국 그는 예수님의 부활 사건을 통해서
그리스도인이 되었어요.

부활의 증거

프랭크 모리슨은 부활이 참일 수밖에 없는 증거를 여러 가지로 살펴보았죠.

그중 대표적인 것이 그렇게 철저히 안식일을 지키던 유대인들이

안식일 대신 일요일을 주일로 지키게 되었다는 점이에요.

그전까지 유대인들은 율법에 따라 금요일 저녁부터 토요일 저녁까지를 안식일로 정해 철저히 지켰으며

심지어 안식일을 지키지 않는 사람을 죽이기까지 했어요.

감히 하나님의 법을 어기다니!

하나님의 심판이다.

그런 배경에서 일요일을 주의 날로 정해 안식일로 지킨 것은 성경에 기록된 대로

안식 후 첫날 예수님의 부활을 기념하여 모이기 시작한데서 연유하죠.

목숨을 걸고 안식일을 지키던 유대인들이 AD 32년경부터 주일을 지키게 된 점이 부활의 첫째 증거예요.

오늘은 그리스도께서 부활하신 날입니다.

아멘!

둘째 증거는 교회가 발생했다는 사실이에요.

당시 소아시아 지방과 예루살렘, 로마, 에베소, 안디옥, 고린도, 빌립보 등의 큰 도시에 교회가 세워졌어요.

로마
빌립보
흑해
고린도
에베소
소아시아
지중해
안디옥
예루살렘

그곳 사람들은 예수님의 부활을 믿고

하나님의 아들을 통해 구원을 주셨다는 사실을 기쁘게 받아들이고 교회를 세우기 시작했어요.

예수께서 부활하신 후 사람들이 모여 교회라는 공동체가 형성된 거예요.

예수께서 구세주 이심을

믿는 사람들의 모임이죠.

셋째 증거는 신약 성경에 기록된 예수 그리스도의 부활 기록이에요.

예수께서 다시 사셨다.

누군가는 이것을 순환 논리라고 반박할지 모르지만 성경은 1세기경에 기록되었는데

그 시기는 예수 그리스도의 부활을 목도한 수많은 사람들이 실제로 존재하던 때였어요.

우리는 모두 예수 그리스도의 부활의 증인들이죠!

성경에는 예수께서 부활하신 후 만난 사람들이 구체적으로 거론되어 있어요.

만일 이 문서가 거짓이라면 어떻게 그 문서를 믿고 초대 교인들은 순교까지 할 수 있었을까요?

> 네가 믿는 주를 부인 하라!

> 난 절대 부인 할 수 없소.

예를 들어 어떤 사람이 이런 주장을 한다고 해요.

> 박정희 대통령은 죽지 않았다.

> 그는 죽었다가 살아났다. 그는 신이다.

당신은 이 말을 믿을 수 있나요?

> 웬 헛소리야?

그 말이 사실이 되려면 죽은 박정희 대통령이 다시 살아난 모습을 본 증인이 있어야 해요.

> 본 사람이 있소?

> 그게… 보신 분은 홈피에 좀 올려주세요.

마찬가지로 예수님을 직접 만난 자들은 부활이 참이라고 주장할 수 있었고 이에 따른 증거도 제시할 수 있었던 것이에요.

> 예수님이 부활하셨습니다!

> 저 사람 예수란 자의 제자야.

넷째 증거는 로마 황제들의 엄청난 핍박 속에서도 기독교가 끈질기게 살아남았다는 거예요.

네로 황제가 기독교를 박해할 때 많은 사람들이 이 신앙 때문에 죽었는데 그들 대부분이 유대인이었어요.

기독교로 개종한 유대인들은 안식일 대신 주의 날을 기억하여 주일을 지켰으며

안식일을 지키지 않으면 더 이상 유대인이 아니다!

자기 동네 유대 땅에서 살았던 한 인물 예수를 메시아(구세주)라고 고백하며 죽어 갔죠.

황제를 주라 불러라! 어서!

내 어찌 내 구원자를 부인하리요.

그리스도인들이 온갖 핍박 속에서도 신앙을 위해 목숨을 내놓는 상황에서

대로마 제국은 어쩔 수 없이 무너질 수밖에 없었어요.

기독교를 이제 로마의 국교로 정한다!

와아

결국 기독교를 핍박한 로마는 기독교에 정복을 당한 셈이죠.

당시 대표적인 '10대 황제의 박해' 외에 기독교에 대한 많은 박해가 있었지만

그리스도인들의 신앙을 포기하게 하는 데는 모두 실패했어요.

왜냐하면 그들에게는 부활이라는 확실한 증거가 있었기 때문이에요.

부활의 다섯째 증거는 예수님의 무덤이 비어 있었다는 사실과

그분이 제자들에게 나타나셨다는 사실이죠.

만일 무덤 속에 예수님의 시체가 그대로 있었다면

기독교는 존재할 수가 없어요.

자, 예수는 죽었어요. 다 끝났으니 해산~

쩝, 아쉽네.

다시 고기나 잡자.

그러나 예수님의 시체를 넣어둔 동굴 (당시의 무덤)은 비어 있었어요.

우리의 구원자
예수 그리스도께서
다시 사셨소!

예수님의 빈 무덤

그렇다면 이 빈 무덤을 어떻게 설명할 수 있을까요?

예수님의 시신이 어디로 간 거지?

많은 사람들이 이 문제를 해결하기 위해 여러 가설을 제시했어요.

그 중 첫째는 바로 제자들이 훔쳤다는 가설이에요.

이건 분명히 제자들이 종교를 만들기 위해 숨긴 거라고.

예수님이 평소에 공공연히 하신 말씀이 있었죠.

앞으로 내가 죽을 것인데 죽은 후 3일 뒤엔 다시 살아날 것이다.

또 저러신다.

부담되네.

그래서 유대 종교지도자들이나 로마 집정자들은 무덤을 돌로 굴려 막고

인봉을 해서 군병들로 지키게 했어요.

그런데 시체가 없어졌어요. 몹시 난처해진 그들은 거짓 증인을 세워

큰일 났어요. 시신이 없어졌답니다!

이걸 사람들이 알게 되면 큰일인데…

군병들이 조는 사이에 제자들이 시체를 훔쳐 갔다는 소문을 퍼트리죠.

그분의 제자들이 시체를 갖고 갔다며?

글쎄 그럴까?

웅성 웅성

그러나 당시 제자들은 예수님이 십자가에서 죽으실 때 도망간 사람들인데

잡히신 주님이 대제사장 집에 들어가실 때 나만 멀리서 따라갔죠.

무슨 용기로 군인이 지키는 무덤에 와서 시체를 훔쳤을까요?

무장한 군병이 만만한 상대는 아니라고.

어림없는 소리

그리고 훔치고 나서도 예수님의 시체를 두고

자신의 목숨까지 버리면서 순교할 수 있었을까요?

예수를 부인하라! 그러면 살려 주겠다.

거짓말을 계속 지키기 위해 자기 목숨을 버릴 수 있었을까요?

또 가족의 목숨도 희생할 수 있었을까요?

게다가 당시 수많은 사람들이 부활 후 나타나신 예수님을 보았다는 사실을 어떻게 설명할 수 있나요?

나도 봤어.

난 손도 잡아봤다구.

예수님이 다시 살아나신걸 난 봤다구.

부활 하셨어.

나도요!

둘째 가설은 종교 지도자들이 시체를 숨겼다는 거예요.

그런데 종교 지도자들이 시체를 숨길 필요가 있었을까요?

혹시 제자들이 훔쳐 갈까 봐 감추었다면

그 이후에 제자들이 부활을 외치며 주를 증거할 때에

시체를 내보이며 기독교의 불씨를 단번에 잠재울 수 있지 않았을까요?

부활의 소식이 예루살렘 한복판에서 들리기 시작하면서

예수께서 부활하셨대!

많은 유대인들이 개종하고 교회가 생기고

오시기로 한 메시아가 예수란 말이야?

그렇다니까! 그분의 제자들이 있는 곳으로 가보자구.

빨리 가야지.

주일이 생긴 당시의 전환을 살펴볼 때, 제자들이나 종교 지도자들이 시체를 숨겼다는 이론 또한 타당하지 않아요.

교회가 처음 생길때 모인 사람들이 유대인이라구요.

거짓이란 걸 알면서도 모였을까요?

셋째로, 무덤을 잘못 찾아갔다는 가설이 있죠.

예수님을 따르던 여자들이 슬픈 나머지 정신이 없어

으흐흑

엉엉

비틀

비틀

다른 빈 무덤을 잘못 찾아갔다는 거예요.

예… 예수님이 사… 살아나셨어! 살아나신 거라구.

예약접수중

예, 이 이론에 대해선 어떻게 생각하세요, 베드로님?

어험, 일단은 말도 안 되고요. 나하고 요한이 뒤이어 와서 확인했거든요.

베드로 말이 맞고요. 그런 실수는 할 수 없지요.

구체적으로 왜 그렇죠?

이건 뭐 공동묘지가 아닌 개인 소유의 무덤이라

다른 무덤과 혼동할 이유도 없어요.

혹시 혼동했더라도 다시 원래 무덤을 찾아갈 수 있고요.

아리마대 요셉이 매우 부자라 무덤도 딱 티가 나거든요.

당시 가난한 자들은 동굴에 시신을 안치하기도 함

새 무덤

일반 공동묘지

갸가 어리숙한 아가 아니라고. 무덤을 잘못 찾을 아가 아니재.

임자, 거 뭔데 그랴?

동굴 속에 남겨진 세마포만 보더라도 예수님의 무덤임을 알 수 있죠.

이제 부활을 반박하는 마지막 가설인 '졸도설'이 있죠.

예수는 졸도한 것이다!

18세기에 나온 이론으로 예수께서 십자가 위에서 죽지 않고 졸도하셨다가

죽었나?

야, 빨리 끝내고 밥 먹자!

시늘한 돈굴 무덤에 들어가 있는 동안 깨어 나셨다는 주장이에요.

음… 여긴 어디지?

3일 후에 의식을 되찾은 것뿐인데

아직도 어질어질하다.

비틀

비틀

어리석게도 부활이라고 주장한다는 거예요.

무식한 그리스도인들!

상식적으로, 예수님이 갖은 고초를 겪고
십자가에서 피 흘리며 상처를 입은 후

3일 동안 먹지도 못하셨는데

어떻게 무덤의 큰 돌을 밀어내시고

무장한 군병들을 물리치고 나오실 수 있었을
까요?

만일 졸도했다가 의식을 찾으셨다면 그 후
활동하다가 언젠가는 다시 죽으셨을텐데

왜 그러셔?

이젠 완전히
돌아가신 것 같아.

제자들이 어떻게 부활의 교리를 선포하며
순교까지 할 수 있었을까요?

주의 나라에서
주를 볼 때까지
나의 사명은
끝나지 않는다.

또 앞에서 다루었지만 일반적으로 십자가 처형 후에는 혹시라도 숨이 붙어 있을까봐 다리를 꺾었어요.

확인해 봐!

예!

예수님의 경우 죽음을 분명히 확인했기에 군병들은 다리를 꺾지 않은 상태로 시체를 십자가에서 내렸죠.

군기 강한 병사들이 그런 실수를 했을 것 같소? 누가 그런 소릴 해?

성경은 당시 예수님이 일찍 죽으신 것이 이상해서

보통 2~3일은 버티는데…

한 군병이 창으로 옆구리를 찔러 보니 피와 물이 나왔다고 증언하죠.

현대 의학이 밝힌 바로는 피가 아니라, 피와 물이 나온 것은 심장이 터졌기 때문에 피와 물이 분리된 것이라고 해요.

사람들 앞에 나타나신 예수님

부활의 증거를 더 정확히 알기 위해서는 빈 부덤 외에도

부활 후 사람들에게 나타나신 예수님에 대해 더 설명해야 해요.

예수님은 부활하시어 각기 다른 시간과 장소에, 각기 다른 사람들에게 나타나셨어요.

베드로와 야고보, 요한 등 예수님의 제자들이 모인 곳에 나타나셔서 함께 식사를 하기도 하셨어요.

평안하라.

주님!

제자들이 부활을 믿을 수밖에 없었던 것은 그들이 실제로 부활하신 예수님을 만났기 때문이에요.

왜들 그러느냐?

아… 아니에요.

훌쩍

훌쩍

물론 이에 대한 반박으로 제자들이 환상을 보았다고도 할 수 있죠.

이성적으로 판단해도 그것은 환상에 사로잡힌 거라고 보는 게 맞죠.

환상은 보통 상상력이 풍부하여 문학적인 사람들에게 잘 나타날 수 있는

극히 주관적이며 개인적인 현상이라고 할 수 있어요.

그러나 어부였던 베드로, 야고보, 요한이나 세리였던 마태 등 예수님의 제자들은

그다지 학식이 많거나 문학적인 사람들이 아닌 현실적이며

아함~ 피곤해 죽겠네.

으이그~ 지금이 몇 시야!

긁적

긁적

단순하고 투박하기까지 한 사람들이죠.

어제 술을 너무 마셨나?

좀 작작 마셔라!

또한 이 제자들 외에 당시 500여 명이 부활하신 예수님을 일시에 본 것으로 기록되어 있어요.

바울이 편지를 쓰던 AD 50-60년경만 해도 500여 명 중의 반 이상이 살아 있었죠.

우리가 다 봤거든요!

제자들도 처음에는 부활을 의심했는데, 그중 도마는 계속 의심하다가

믿을 수 없어. 저건 가짜라구.

나중에 예수님을 직접 만나 그 손의 못 자국을 보고서야 부활을 믿은 사람이에요.

나의 주시며 나의 하나님이십니다. (요한복음 20:28)

넌 보고 믿는구나.

사실 예수님을 세 번이나 부인했던 베드로가 무엇 때문에 자신의 목숨을 버리면서까지 기독교 신앙을 지켰을까요?

바울이 온갖 고난과 핍박 속에서 죽음을 무릅쓰며 복음을 전하다가

순교한 이유가 과연 어디 있었을까요?

죽은 자 가운데서 다시 사신 주님을 선전하는 것이 내 일이지.

더구나 부활은 예수님을 잡아 처형한 예루살렘의 한복판에서 일어난 사건이었기 때문에

예수님의 죽음을 직접 목격했던 수많은 사람들은 부활을 받아들이지 않을 수 없었죠.

부활을 못 믿는 것 자체가 이상한 거죠.

결국 이 부활의 증인들은 그 후 이어진 기독교 박해 속에서 순교하는 성도들이 되었어요.

이 부활의 증인이자 순교자들로부터 시작된 기독교 신앙은

2,000년이 넘은 지금까지 계속 이어지며 전세계에 교회를 형성해 온 거예요.

예수님의 부활은 기독교의 객관적인 증거로써, 역사상 아무도 이 부활 사실을 무너뜨릴 수 없었어요.

이것은 초자연과 자연이 만난 놀라운 사건이에요.

그리고 바로 여기에 하나님의 의도가 나타나 있어요. 인간에게 구원을 주시려는 계획 말이죠.

맹목적으로 믿는 것이 아니라 이 부활의 사실성을 받아들일 때 우리에게 믿음이 생기죠.

하나님을 믿는 것도, 믿지 않는 것도 아닌 아주 답답한 상태에서 벗어날 수 있는 것은

부활 사건을 믿느냐, 믿지 않느냐에 달려 있어요.

주관적 증거
기도의 응답

하나님에 대한 주관적 증거를 갖는 일은 개인적으로 매우 중요해요.

주관적 증거

물론 이 주관적 증거는 다른 사람들에게 설득력이 약할 수도 있어요.

저길 캐 봐!

저긴 폐광인데

기도한 것이 응답되었을 때 처음에는 우연이라는 생각이 들죠.

우연이겠지.

응답

다음에 또 응답되었을 때도 그런 생각이 들 수 있죠.

응답

응답

그러다가 계속 기도 응답을 받게 되면 더 이상 우연이라고 말할 수 없는 순간이 와요.

어… 어떻게 이럴 수가?

그때부터 우리의 신앙이 자라게 되죠.

결국 하나님이 나를 인도하신 거구나.

이제 기도 응답에 대한 제 경험을 이야기하려고 합니다.

저는 대학원을 마치고 27살의 늦은 나이에 군에 입대했었죠.

군 생활이 다 그렇듯 논산 훈련소 생활부터 무척 힘들었죠.

이것들, 동작 봐라! 선착순 3명 실시!

민첩하지 못하여 기합받기 일쑤였고

부들

부들

잘해 보려고 노력하다가 더위를 먹어 탈진하기도 했어요.

피

비틀

간신히 훈련을 마칠 무렵 저는 카투사로 선발
되었어요.

배치 문제를 하나님께 맡겼는데 카투사로
선발되어 감사했죠.

하나님,
감사합니다.

카투사는 일단 평택에서 3주간 교육을 받
고 그 후에 보직에 따라 전국에 배치되죠.

그래서 이 3주 동안 카투사들의 마음은 오직
발령 문제에 집중돼요. 모였다 하면 그 이야
기뿐이죠.

우린 어디로
배치될까?

나도 답답하고
궁금해 죽겠어.

저도 예외는 아니었죠. 과연 어느 곳으로
가게 될까 궁금해하면서 가고 싶은 곳을
생각해 보았어요.

이 생각, 저 생각 하던 중 문득 대구로 가면
좋겠다는 생각이 들었어요.

영덕아,
넌 어디라고
했지?

으음…
대구.

군에 들어가기 전에 서울에서 한국기독학생회 간사로 2년간 일한 경험이 있었는데,

그때만 해도 서울에는 나와 함께 일하던 간사가 10여 명이나 있었지만

내용 검토 좀 부탁해.

대구, 부산 등 영남 지역에는 한 명의 간사도 없는 상태였어요.

내가 그곳에 가서 모임을 만들면 참 좋겠는데…

굳이 대구를 택한 이유는 대구에 대학교가 많아

영남 지역 대학생들에게 복음을 전하기에 효과적이라고 판단했기 때문이었어요.

그래서 취침 시간이 되면 전 몰래 일어나서 간절히 기도로 하나님께 요청했죠.

하나님, 전 대구에 가고 싶습니다.

군 복무 기간 동안 영남 지역 대학생들에게 복음을 소개하고 싶습니다.

군대라서 제 마음대로 갈 순 없지만 전능하신 하나님, 절 대구로 보내주세요. 예수 그리스도의 이름으로 기도드립니다. 아멘.

기도를 시작한 뒤로 동기들과 이야기할 때마다 전 대구로 가게 될 거라고 말했죠.

분명히 대구 간다!

그래 가라 대구.

배럼 빔미다 기도하던 중 옆에서 자던 동기 하나가 말했어요.

나도 그리스도인 이거든. 함께 기도하자. 난 서울에 남길 기도하고 있어.

오 주님, 감사합니다.

우리는 취침 시간만 되면 서로를 위해 기도했죠.

아버지, 우리 기도를 들어주소서.

우리가 가야 할 곳으로 인도하소서.

드디어 3주가 지나 300명의 카투사들이 잔뜩 긴장한 얼굴로 모인 가운데 배치 결과가 발표되었어요.

단 세 명만이 서울에 남게 되었는데 그 친구가 포함되었어요.

나도 대구로 가게 되었으면…

드디어 제 이름이 불리면서 OO사령부라는 소리를 들을 수 있었죠.

나를 포함한 53명이 호명되었는데 그중 한 명이 질문했어요.

교관님, OO사령부가 어디 있는 곳입니까?

대구에 있다.

와우! 이럴 수가? 주님, 감사합니다.

이후 저는 동대구행 기차에 몸을 실었죠.

감격과 흥분 속에 대구 미군 부대에 도착해 짐을 풀었어요.

그런데 이곳은 잠시 대기하는 곳일 뿐,

야, 너 얘기 들었어?

무슨 얘기?

일주일 후엔 다시 전국으로 흩어진다는 건 그 다음 날 알게 되었죠.

대구에는 자리가 없어 다른 데로 간대.

뭐라고?

가슴이 철렁 내려앉은 저는 이대로 물러날 순 없다는 생각에

당번을 자원하여 막사를 지키면서까지 기도 했어요.

전능하신 하나님, 여기까지 와서 다른 곳으로 갈 수는 없습 니다.

상부에선 이번 기수 중에 한 명도 남을 수 없다고 하지만 당신이 원하시면 전 남을 수 있습니다.

대구에 남아서 대학생들을 도울 수 있도록 은혜를 베풀어 주세요. 아멘.

일주일 후 보직발령이 났는데 2명의 군악대 특기자 외에 단 한 명만이 대구에 남게 되었죠.

그리고 그 사람이 바로 저였어요.

박영덕 이병만 대구에 남는다.

웅성

웅성

이 일로 동기들은 서로 수군거렸죠.

저 녀석은 빽이 있나 봐.

맞아. 자기는 대구에 남을 거라고 몇 번이나 말했어.

빽은 무슨 빽? 하나님의 은혜지.

그런데 대구에서의 카투사 생활은 쉽지 않았어요.

처음 배치받은 곳은 식당이었죠.

새벽에 일어나 식사 준비를 하고

아함~

저녁 늦게까지 저녁 식사 뒤처리를 해야 했어요.

아이고~
허리야.

하루 종일 일하는 것과 고약한 흑인 빙사들에게
괴롭힘당하는 것보다 힘든 것이

Go to hell
yellow boy.
hi hi hi…

에효~
주여!

캠퍼스를 방문할 시간이 없다는 거였어요.

다른 카투사들은 5시면 끝나 개인 생활을
할 수 있는 반면에

저는 저녁 식사 후 7시나 8시가 되어야
식당일을 마칠 수가 있었죠.

휴~
다 끝났지만
이 시간에 뭘
한단 말이지.

그런 생활을 하는 중에 한 달쯤 지나서 고참이 찾아와서 말했어요.

너 힘들지 않냐? 옮겨 줄 테니 윗 사람들한테 인사해라.

예. 하겠습니다.

그러나 알고 보니 이 '인사'의 의미는 윗사람에게 돈을 쓰란 뜻이었어요.

네 앞의 전임자도 돈 써서 나갔어. 알았지?

참내~ 어이가 없어서.

그러나 전 그렇게 할 수 없었고 고참에겐 정중하게 거절했어요.

그렇게까지는 하고 싶지 않습니다. 죄송합니다.

…뭐?

넌 마! 제대할 때까지 계속 식당 근무만 해. 절대 바꿔주지 않겠다.

그때부터 윗사람은 저를 가만 두지 않았어요.

씩 씩

미움받는 것은 물론 여러 번 있던 보직 변동 때도 전 여지없이 제외되었죠.

불쌍해. 정말 불쌍해. hi hi hi…

그리스도께서 남을 섬기라고 하셨으니 힘든 일은 기쁘게 견딜 수 있었지만

오, 주님, 절 도와주세요.

대구의 수많은 대학생들을 떠올리며 마음이 안타까웠죠.

제 보직을 바꿔주세요. 주님 이왕에 대구로 오게 되었는데 이렇게 3년을 보낼 순 없습니다.

대학생들을 도울 수 있는 기회를 주세요.

전 보직이 바뀌게 해달라고 늘 기도했어요.

아버지 하나님!

그리고 군인은 군대 밖으로 나갈 수 없기 때문에 매일 밖으로 외출이 가능하게 해 달라고 기도했어요.

그리고 한 가지를 더 기도했는데 그것은 12월 수련회에 참석할 수 있게 해달라는 것이었어요.

오 하나님, 부족한 저를 인도해 주소서.

결국 하나님의 은혜로 황금연휴인 12월 23일부터 1월 4일까지 휴가를 받아 수련회에 참석할 수 있었어요.

그 수련회에서 경북대 의과 대학의 신우회 임원단을 만나게 되었죠.

우리 신우회 모임을 도와주세요.

역사는 오래되었지만 아직도 약합니다.

간사님이 오시면 많은 도움이 될 거예요.

내년 3월 개강 때부터 꼭 와 주십시오.

저도 가고 싶습니다.

그러기 위해서는 5시에 일과를 끝내고 밖으로 매일 나갈 수 있도록, 보직 이동과 패스를 위해 기도해 주십시오.

그들은 기도해 주겠다고 약속했고 수련회 이후로 저는 하나님께 더욱 매달렸어요.

오 전능하신 하나님

도와주세요. 절 이끌어 주세요.

혹 외출하고 돌아오는 길이면 부대 입구에서 막 사까지의 15분 거리의 아스팔트 길을 걸으며

큰 소리로 기도하곤 했어요.

하나님, 절 도와주세요. 제가 대학을 방문해서 학생들을 도울 수 있는 기회를 주세요.

그러기 위해선 보직이 바뀌어야 되고요. 위에서는 절대로 바꿔주지 않습니다.

벌써 여러 번 길이 막혔으나 전능하신 하나님이 원하시면 바뀔 수 있습니다.

위에서 아무리 막아도 하나님께서 원하시면 저는 나갑니다. 또한 패스가 나와서 매일 외출할 수 있게 해주세요.

그래서 언젠가 이 길을 걸으면서 하나님이 이 기도를 들으시고 응답하신 것을 감사로 찬양하게 해주세요.

2월의 중반을 지나던 어느 날 갑자기 미군 중대장이 카투사들을 집합시켰어요.

빨리 집합하래.
서둘러.

무슨
일이지?

빠른 영어라 잘 알아듣진 못했지만 대강 이런 내용이었죠.

패스를 나눠 줄테니 근무 후에는 매일 외출해도 좋다.

단 근무시간엔 더 성실하도록!

*Wow
bravo!*

패스가 내 손 안에 들어왔을 때 그간 기도하며 지나온 일들이 주마등처럼 지나가면서 감동이 밀려왔어요.

하나님, 7개월간 드린 기도를 외면치 않으셨군요. 감사합니다.

그리고 다른 군인들이 밖에 나가서 술 먹고 사고 치면 다시 패스를 반환해야 할지 몰라서

그런 일이 벌어지지 않게 해달라고 기도했어요.

주님, 전 제대할 때까진 패스를 반환할 수 없어요.

결국 그 기도로 저는 제대할 때까지 그 패스를 지닐 수 있었어요.

주님,
감사합니다.

이제 보직이 바뀔 일만 남았어요. 그러다가 3월 8일 정말 극적으로 보직이 바뀌었죠.

3월 12일 경북 의대를 처음 방문한 날 교문에 들어설 때의 감격이란 이루 말할 수 없었고, 학생들도 무척 기뻐했어요.

8개월 동안의 기도 끝에 드디어 대구 지역 대학생 모임이 시작된 거예요.

오 하나님 결국 개강에 맞춰서 저를 내보내 주셨군요.

그렇게 기쁜 마음으로 대학생들을 섬기던 중 5월에 서울 중앙 사무실에서 연락이 왔어요.

박 간사님, 수고가 많으시죠.

8월에 의대생 대상의 전국 수련회가 부산에서 개최되는데 강사로 오실 수 있는지요?

그리고 팸플릿을 미리 만들어야 하기 때문에 참석하실 수 있다면 사진과 약력을 적어 보내 주세요.

가고 싶은 마음은 간절했지만 당시 일병인 저로서는 쉽게 승낙하기 어려웠죠.

저는 망설이다가 만약 제가 참석할 수 있도록 기도해 준다면 가겠다고 답했어요.

그랬더니 바로 서울 사무실에서 팸플릿을 만들고 저를 강사로 소개해 놓았어요.

나는 영락없이 8월에 강사로 가야만 했죠.

전국수련회

박영덕강사

그러던 중 6·7월경 서울에서 대학원을 다니다가 카투사에 온 한 형제를 만났지요.

신앙 생활은 안 해요?

신앙 생활은 고등학교 때까지고, 대학 가서는 버렸죠.

혹시 하나님이 계시다는 증거가 있나요? 어떻게 신을 믿습니까?

전 그에게 객관적 증거인 예수님의 부활과 주관적 증거인 제 기도 생활에서 받은 응답을 설명해 주었죠.

군대 와서 대구에 간 것, 12월에 수련회 참석할 수 있었던 일, 군대생활을 하면서 정기적인 대학 방문하게 된 모든 것이 기도응답이지요.

그리고 오는 8월엔 부산에서 개최될 수련회에 참석하기 위해 기도하고 있어요.

그건 좀 무리입니다. 제가 인사과에 있어서 잘 압니다.

만일 제가 수련회에 가게 된다면 어떻게 할래요?

흠…

만약 박영덕 씨가 정말 8월 수련회에 참석하게 된다면 저도 하나님이 계심을 인정하고 교회에 나가죠.

정말이요? 좋습니다. 제가 그 수련회에 참석하게 되면 꼭 교회에 가서야 해요. 약속했습니다.

말은 그렇게 했지만 당시 일병인 저로서는 대책이 있을리 만무했어요.

하나님, 이것은 제가 수련회에 가고 안 가고의 문제가 아니라 귀한 한 영혼의 일생이 달린 문제입니다.

그를 자비롭게 여기셔서 이번 기회에 주를 믿게 해주십시오.

그러던 중 부대에서 대구 지역 모범 사병 선발 대회가 있었고

상부에서 참여하라고 해서 나갔는데 그만 제가 뽑혔어요.

잘해 봐.

처음엔 그다지 대수롭지 않게 여겼는데 여기에서 뽑힌 사람은 우리 사령부 선발 대회에 나가게 되고

주여, 날짜는 점점 다가옵니다.

거기서 3등이 되면 3-4일간 휴가를 얻을 수 있다는 말을 듣게 되었어요.

혹 이렇게 해서 8월 수련회에 갈 수 있지 않을까?

모범 사병 선발대회

그런데 좀 더 알아봤더니 1, 2등으로 뽑히면

휴가없이 의무적으로 10월의 전국 카투사 선발 대회 후보로 나가야 된다는 것이었어요.

반드시 3등을 해야 하는구나. 그런데 어떻게 3등을 하지?

참으로 난처한 가운데 주께 간절히 기도했죠.

하나님, 제가 8월에 있을 의대생 수련회를 가야 하는데

이번 전국 대회에 나가서 꼭 3등을 하게 해주세요.

저는 수시로 기도하면서 주님께 매달렸고 드디어 선발 시험을 치렀어요.

결국 3등을 했어요. 참 감사한 일이었죠.

박 일병은 우리 부대 명예를 드높였기 때문에 휴가를 준다!

짝!
짝!
짝!

며칠간의 휴가 외에도 부대의 배려로 총 8박 9일의
포상 휴가를 얻어 부산 수련회에 참석하게 되었고,
신앙을 잃어버렸던 인사과의 그 형제는 저와 함께
부대의 교회로 나가게 되었죠.

주님의 세계는~

참 아름다워라~

부산 수련회에선 그동안 함께 기도해 준
많은 학생들이 좋아했으며

예수
그리스도?

저 역시 감사한 마음으로 강의를 잘할 수
있었어요.

그리고 수련회 중에 서울에서 내려온 한
간사님이 한 자매의 소식을 알려주었죠.

그 자매 알지요?
먼저번 형제와 헤어
진지 꽤 됐거든요.

아…
예에.

그 자매는 전에 제가 마음에 들어서 교제를
해보려고 하던 자매였죠.

박 간사님이 좋아
한다고 내가 미리
말해 놨어요.

아니, 간사님도…
그런 이야기를 하시
면 어떻게 해요?

그때는 왠지 부끄럽고 쑥스러웠어요.

어휴~ 내가 없을 때 그런 이야기를 하시다니…

수련회 중이라서 어떻게 할 수도 없고 해서 전 또 기도를 시작했죠.

하나님, 왠지 부끄럽네요. 당장이라도 서울에 올라가 그 자매를 만나야 할 것 같은데요.

지금은 수련회 중이라 시간을 낼 수 없습니다. 기회를 주십시오. 9월 6일부터 서울에서 간사 수련회가 열리는데 그 수련회에 참석했다가 저녁에 자매를 만날 수 있기를 바랍니다.

이미 포상 휴가를 받아 쓴 상태이기에 연이어 휴가를 받는다는 것은 사실상 불가능했어요.

그러나 답답한 마음에 하나님께 매달려 기도했어요. 꼭 서울에 가서 이 문제를 마무리 짓기를 원했죠.

부산수련회 이후 부대에 복귀하고 나서는 열심히 주어진 일을 해나갔어요.

하루는 휴일이라 쉴 수 있었지만 일이 많아 사무실에 남아 작업을 했는데

공교롭게도 미군 책임자가 일하는 저를 보게 되었습니다.

이 자식 복 터졌네. 너 임마 또 휴가야.

뭐라고?

열심히 일한다고 위로 휴가를 주셔서 9월 6일부터 9일까지 서울도 갈 수 있게 된 거예요.

충성!

부대에선 매우 이례적인 일이었죠. 당시 부대에선 저를 두고 말이 많았다고 해요.

아니 저 녀석은 누구기에 저렇게 다니는 거지?

엄청난 빽이 있나?

서울에 가서 수련회도 참석하고 그 자매도 만났죠.

그 후 일련의 과정을 거쳐 나중에 그 자매와 결혼했어요.

간사님한테 얘기는 들었어요.

아~ 그러세요.

헤 헤

9월부터는 경북의대 외에도 영남의대와 계명의대를 돕게 되었죠.

세 대학을 돌보는 일은 군인인 저에겐 매우 벅찬 일이었어요.

계명의대

영남의대

헥 헥

경북의대

근무를 마치고 남은 시간에 설교를 준비해야 하므로 시간이 절대적으로 부족했어요.

준비가 너무 부족한데… 시간이 벌써.

허겁 지겁

도무지 시간이 나질 않아서 식사를 거르고 설교 준비를 한 적도 있었어요.

꼬로록

어떤 때는 20분 밖에 설교 준비를 못한 적도 있었죠.

말씀을 전… 전하겠습니다. 오늘 말씀은…

안절 부절

덜 덜 덜

그리고 나서 학생들 앞에 섰을 때의 그 낭패감이란 이루 말할 수가 없었어요.

휴우~ 이거 준비 안한 티가 엄청 나는구나.

끄떡 끄떡

아함

심드렁

그런 식으로 한 학기를 보낸 후에 하나님께 간절히 간구하기 시작했어요.

하나님, 설교할 시간을 주십시오. 이렇게는 더 이상 못하겠습니다.

준비 못하고 가는 일이 없도록 시간과 여건을 허락해 주십시오.

마침내 전능하신 하나님의 도움으로 저는 제대를 앞두고 약 5개월 성노 서의 부대 일을 하지 않고 설교 준비에만 시간을 쓸 수 있게 되었어요.

물론 이 외에도 저는 군대에서 살아 계신 하나님으로부터 많은 기도 응답을 받았어요. 우연이라고 생각하는 사람도 있을 수 있겠지만, 적어도 저로서는 이런 사건들을 통해 하나님이 살아 계신 분이라는 강한 확신을 갖게 되었습니다.

5장

구원을 향한 첫걸음

구원이란 무엇일까요?
구원이란 자신이 죄인임을 인정하고
하나님께로 돌아오는 것이에요.

가출한 청소년이 집으로 돌아오는 것처럼 하나님을 떠났던 인간이 하나님 품에 안기는 것, 그것이 구원입니다.

회개

구원에는 두 단계의 절차가 있어요. 바로 회개와 믿음이에요. (사도행전 2:38,16:31)

회개란 하나님께 불순종하여 자기 멋대로 살아온 것과

하나님 필요없거든요. 내 힘으로 살 수 있다구!

지금까지 지은 죄에 대해 하나님께 용서를 구하는 것이에요.

더 이상은 못 버티겠어. 도와주세요.

음란, 거짓, 잘난 체한 것, 시기, 질투, 미움 등 기억하기조차 힘든 죄들을 고백하고

음란 거짓 교만 시기 질투 훼방 미움

죄를 짓지 않겠다고 다짐하며 삶의 방향을 바꾸는 것, 그것이 회개예요.

계속 이렇게 살 순 없어!

부양 회개

주 예수를 믿으라

회개한 다음에는 주 예수님을 믿어야 해요.

당신이 날 구해 줄 수 있나요?

주 예수께서 십자가에 달리신 것이 나의 죄를 대신 용서하기 위함이었음을 받아들이기로 결정해야 합니다.

역사의 BC와 AD를 가르며 이 땅에 실제로 오셨다가

많은 고난을 당한 후에 십자가에 달리시고

죽음에서 부활하신 예수 그리스도를 '나의 구세주'로 믿는 거예요.

동시에 이제는 그분이 나의 삶을 인도할 주인이 되심을 인정하는 것이죠.

그동안 내 마음대로, 내 욕심대로, 내가 하고 싶은 대로 살아왔지만

이제는 삶의 고삐를 그분께 내어 드리는 것이죠.

두렵고 떨릴지 모르지만 지금까지 가졌던 가치관을 포기하고 무너뜨려야 하죠.

그분의 뜻을 따르기로 결정하고 그분이 원하는대로 진실하게 살아야 해요.

내가 계속 저기 있었다면 죄와 함께…

그분이 원래 의도하신 대로 우리를 빚어 가시고 우리를 인도하실 것을 신뢰하는 거예요.

주께서 인도하심을 믿습니다.

이제 마음이 결정되면 생애 처음으로 이렇게 고백하세요.

나는 예수님 당신을 나의 주님으로 모시겠습니다.

예수님을 주로 고백하면 구원을 받으며 영생을 얻게 되죠.

그 순간 당신은 원래의 모습 그대로, 하나님의 자녀로 회복되는 거예요. 그것이 바로 영생이에요.

여기에는 허무가 있을 수 없어요. 네로의 박해에도 불구하고 편안히 죽음을 맞이하고 자신을 죽이는 자를 축복할 수 있었던 초대 그리스도인의 사랑의 원천이 바로 여기에 있죠.

태워라!

주님, 저들은 자기가 저지르는 죄를 모릅니다. 저들을 구원하여 주소서.

주의 나라에서 주님을 보게 하소서.

그런데
몇 가지 이유로
믿기를 주저하는 분들이
있습니다.

1. "믿고는 싶은데 잘 안돼요."

저는 믿고는 싶은데 그게 잘 안돼요.

저도 좀 그래요.

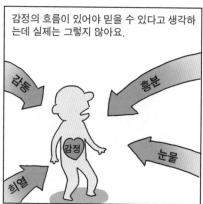

감정의 흐름이 있어야 믿을 수 있다고 생각하는데 실제는 그렇지 않아요.

감동
흥분
감정
눈물
희열

의지의 결정이 있으면 돼요.

나는 예수의 부활을 받아들이겠다. 우연이라고 믿지 않겠다.

의지
감정

의지적으로 결정하는 것이 바로 믿는 거예요.

이대로 가면 되는구나.

정상
100M

믿고 싶은 마음이 든다는 것 자체가 얼마나 놀라운 일이에요? 믿고 싶다면 믿으세요.

표지판 따라 오니 정상이야.

2. "나중에 믿겠어요."

지금 바빠서…

뭐 오늘만 날도 아니고요.

복음을 들은 지금이 좋은 기회예요.

저기요! 잠깐 내 말 좀 들어봐요.

거참! 나중에 들어볼게요.

나중에 믿겠다는 것은 결단을 미루는 것이지 해결책이 아니에요.

그 길은 공사 중인데…

어떤 중요한 계획이라도 있나요?

특별한 계획이 있어 그것이 끝날 때까지 기다린다면 몰라도,

잠깐만 기다려 줘요.

막연한 심정으로 지연시키는 것은 참으로 안타까운 일입니다.

요것 좀 하고요.

탁 탁 탁

더구나 우리는 1분 앞에 펼쳐질 일조차 미리 내다볼 수 없는 한계를 지닌 인간이에요. 앞날이 어떻게 될지 모르죠. 살아 있을 때, 기회가 주어질 때 믿어야 해요.

그리고 중요한 것은, 나중에 믿으면 억울하다는 사실이에요.

만일 기독교가 참 진리이고 나를 지으신 하나님이 살아계시다면,

"내가 너를 아노라."

그 하나님이 나를 이 땅에 왜 보내셨는지 그 목적을 알게 되기 때문입니다.

그로 인해서 남은 삶을 그 목적에 맞추어 살아갈 수 있고

더 이상 허무한 삶을 살게 되지 않지요.

또 신앙 생활이 주는 기쁨을 만끽할 수 있으므로 늦게 믿는 것은 그만큼 손해입니다.

나도 빨리 시작할 걸.

앞에서도 언급했지만, 이왕 결혼하려면 20~30대의 젊은 나이에 하는 게 좋죠.

70세에 결혼할 수도 있지만

후덜

하악

그럴 때 사랑하는 배우자와 함께 자녀를 키우며 누리는 결혼 생활의 기쁨은 얻을 수 없죠.

할머니야?

엄마거든!

에효~

3. "아직까지 잘 모르겠어요."

뭐가 뭔지 도통 알아들을 수가 없어….

기독교에 대해 속속들이 다 알고 나서야 믿을 수 있는 것은 아니에요.

물론 다 알면 좋겠지만 시간이 많이 걸리죠.

성경은 우리가 평생 공부해야 하지만

구원의 길 되시는 예수 그리스도만 분명히 알고 믿으면 돼요.

쓰윽

지금까지 읽고 배운 내용이면 얼마든지 믿고 구원받을 수 있어요.

예수 그리스도

4."믿고 나서 죄 지으면 어떡하죠?"

돌아서면 거짓말을 밥 먹듯이 하는데 …

죄

맞아요. 믿고 나서도 죄를 지을 수 있어요.

연락도 없이 사라지면 섭섭하지.

미안, 미안. 죄의 맛을 잊을 수가 없어서.

죄

하지만 그럴 때마다 회개해야 하죠.

주님… 도저히 못 끊겠어요.

날 떠나지만 않으면 돼.

죄

털썩

아기는 태어나서 걸음마 단계를 거쳐야 하죠.

옹알

옹알

그런데 넘어질까 봐 아예 걷는 것 자체를 포기하면 그 아이는 끝까지 걸을 수 없어요.

뒤뚱

뒤뚱

오히려 넘어지면서 조금씩 걷는 법을 배우게 되죠.

빠 빠 빠

가출한 아이가 돌아와서 부모 말을 안 들을 때도 있어요.

그러나 돌아왔다는 그 사실이 중요한 거예요.

예수님을 믿고 나서 잘못을 범할 수 있지만 잘못을 깨달을 때마다 회개하세요.

낙심하지 마라. 내가 너와 함께하지 않니?

전 구제불능이라구요.

신앙을 갖고 난 후 차츰 죄와 싸워 이기는 과정에서 우리는 점점 더 깨끗하고 거룩한 사람이 될 거예요.

비켜라!

어라? 그때하고 다르잖아.

죄

여러분은 목욕탕에 갈 때 어떤 마음으로 가나요? 목욕탕 주인 보기가 민망하고 창피한가요?

자주 오시는 거 보니 몸이 아주 더럽나 봐요? 흐흐…

키 받으세요.

그래서 부끄러운 마음에 목욕탕 주인을 똑바로 쳐다보지 못하고 슬그머니 들어가나요?

니가 그러니 여자친구가 없는 거라구! 더러운 놈아. 킥킥…

킥킥

카운터

우리 몸에 때가 생기는 것처럼 인간이 죄를 짓는 것은 자연스러운 현상이에요.

때는 왜 자꾸 일어나는 거야?

젊은이, 죽은 사람은 때가 안 일어난다네.

벅
벅

그러나 그때마다 하나님께 솔직히 용서를 구하세요.

예 확실하게 밀어 드릴게요.

시원하게 밀어 주세요.

팡!
팡!

5. "나보고 믿으라고요?"

저 말입니까? 집안의 5대 독자인데…

'도대체 말이 안돼요'라고 생각할 수도 있겠죠. 그런데 많은 사람들이 그렇게 하다가 그리스도인이 되었죠.

처음엔 그랬는데 지금은 믿어요.

오히려 자신에게 이렇게 반문해 보아야 해요.

네가 믿지 않는 이유가 뭐니?

어차피 중립은 없으며, 감정의 차원을 떠나 엄숙하게 자신이 결정해야 할 문제예요.

믿는다!

안 믿는다!

결단과 기도

지금까지 이해가 잘 안되는 분들을 위해 예를 하나 들어 볼게요. 동해안에 전 세계 사람이 모인 수영대회가 열렸어요.

목적지는 하와이 섬이에요. 그런데 절대 중간에 돌아올 수는 없어요.

출발 신호와 함께 모두들 바다에 뛰어 들어가 헤엄을 치기 시작했어요.

일반 사람들은 100미터쯤 가자 힘이 빠지기 시작했어요.

그런데 옆에서 올림픽 금메달 수영 선수가 헤엄을 치고 있었어요.

이거 어떻게 해? 난 100미터밖에 못 가고 죽을 수밖에 없다니…

옆에서 헤엄치는 수영 선수는 미소를 지으며 열심히 수영을 하며 앞으로 나갔어요.

하지만 그 역시 하와이에 도달하지 못하고 죽을 수밖에 없었어요.

태평양을 헤엄쳐 건너갈 사람은 어디에도 없기 때문이에요.

그런데 그때 갑자기 큰 배가 나타나더니 배 선장의 목소리가 들렸어요.

여러분! 아무리 헤엄을 잘 쳐도 하와이는 무리예요. 어서 이 배를 타세요!

하와이라는 목표점에 도달할 수 있는 방법은 헤엄을 잘 치는 것이 아니라 배에 타는 것이죠. 이 배는 바로 그리스도를 의미해요.

그리스도의 십자가 공로만이 우리를 천국으로 옮길 수 있어요.

하나님이 우리에게 제시하신 기준은 매우 높아요. 온전하고, 죄가 없어야만 하죠.

바울은 자신의 연약함을 두고 이렇게 통곡했죠.

아, 나는 비참한 사람인데, 누가 날 이 사망의 몸에서 건져낼수 있는가?

금메달 수영 선수는 가능하고 나는 불가능할 것이라고 상대적으로 비교하기 쉽지만,

우리의 생각과 관계없이 인간이라면 누구나 배를 타지 않는 한 반드시 죽게 되어 있어요.

에혀~ 배를 빨리 타지.

쯧쯔…

예수님께 가면 만족이 있고 기쁨이 있으며 평안이 있죠.

풍성한 삶과 영생을 누릴 수 있어요.

이제 당신이 원한다면 믿을 수 있어요. 지금까지 어떤 모습으로 살아왔든지 이 순간의 결정은 영원한 생을 결정지을 만큼 중요해요.

여러분은 이제 그리스도인이 되고 싶지 않나요?

앞으로 남은 생이 얼마나 될지 모르지만 하나님을 믿기로 작정하지 않겠어요?

십자가 앞에 나아가 당신의 죄 문제를 해결받고 싶지 않나요?

성경은 사람이 마음으로 믿어 의에 이르고 입으로 고백해서 구원에 이른다고 했어요. (로마서 10:9-10)

다음의 기도문을 소리내어 따라 기도해 보세요.

이전에 하나님을 알지 못하고 하나님 없이 살았지만 이제 하나님 앞에 나아갑니다.

제가 죄인임을 인정합니다. 지난 날 저의 죄와 허물을 자백하오니 용서해 주십시오. 예수님이 제 죄로 인해 돌아가신 것만 바라보고 의지합니다.

주 예수님, 이제는 제 욕심대로, 제 뜻대로 살지 않고 당신의 뜻에 맞추어 순종하며 살겠습니다. 제 삶이 다할 때까지 저를 인도 하시고 동행해 주십시오. 예수 그리스도 이름으로 기도드립니다. 아멘.

당신이 이세 예수 그리스도를 믿기 시작했 다면 가장 먼저 믿을 만한 신앙의 친구를 만나 도움을 청하세요.

그리고 성경대로 말씀을 잘 가르치는 교회 에 출석하여 신앙을 자라게 하며

학교 기독 동아리나 직장 신우회 같은 기 독교 모임에 참여하여 자신의 사명을 발 견하세요.

경건의 시간을 가지는 법과 기도하는 방법을 배우다 보면 당신은 살아계신 하나님을 더욱 더 깊이 체험하게 될 것입니다.

END

사명선언문

너희가 흠이 없고 순전하여⋯⋯세상에서 그들 가운데 빛들로
나타내며 생명의 말씀을 밝혀 _ 빌 2:15-16

1. 생명을 담겠습니다
만드는 책에 주님 주신 생명을 담겠습니다.
그 책으로 복음을 선포하겠습니다.

2. 말씀을 밝히겠습니다
생명의 근본은 말씀입니다.
말씀을 밝혀 성도와 교회의 성장을 돕겠습니다.

3. 빛이 되겠습니다
시대와 영혼의 어두움을 밝혀 주님 앞으로 이끄는
빛이 되는 책을 만들겠습니다.

4. 순전히 행하겠습니다
책을 만들고 전하는 일과 경영하는 일에 부끄러움이 없는
정직함으로 행하겠습니다.

5. 끝까지 전파하겠습니다
모든 사람에게, 땅 끝까지, 주님 오시는 그날까지
복음을 전하는 사명을 다하겠습니다.

서점 안내

광화문점 서울시 종로구 새문안로 69 구세군회관 1층
02)737-2288 / 02)737-4623(F)

강남점 서울시 서초구 신반포로 177 반포쇼핑타운 3동 2층
02)595-1211 / 02)595-3549(F)

구로점 서울시 동작구 시흥대로 602, 3층 302호
02)858-8744 / 02)838-0653(F)

노원점 서울시 노원구 동일로 1366 삼봉빌딩 지하 1층
02)938-7979 / 02)3391-6169(F)

일산점 경기도 고양시 일산서구 중앙로 1391 레이크타운 지하 1층
031)916-8787 / 031)916-8788(F)

의정부점 경기도 의정부시 청사로47번길 12 성산타워 3층
031)845-0600 / 031)852-6930(F)

인터넷서점 www.lifebook.co.kr